Schicke
Schichten

Bibliografische Information der Deutschen Bibliothek.

Die Deutsche Bibliothek verzeichnet diese Publikation in der deutschen Nationalbibliografie.

Detaillierte bibliografische Daten sind im Internet über http://www.d-nb.de/ abrufbar.

EIN BUCH DER EDITION MICHAEL FISCHER

1. Auflage 2018

Produktmanagement und Lektorat: Juliane Rottach
Covergestaltung: Rebecca Leiner
Reihen-Layout: Verena Raith
Satz: Leeloo Molnár, Yvonne Witzan
Fotos: Judith Bedenik

Icon Umschlag: © Rauf Aliyev/Shutterstock

ISBN 978-3-86355-954-0

Printed in Slovakia

www.emf-verlag.de

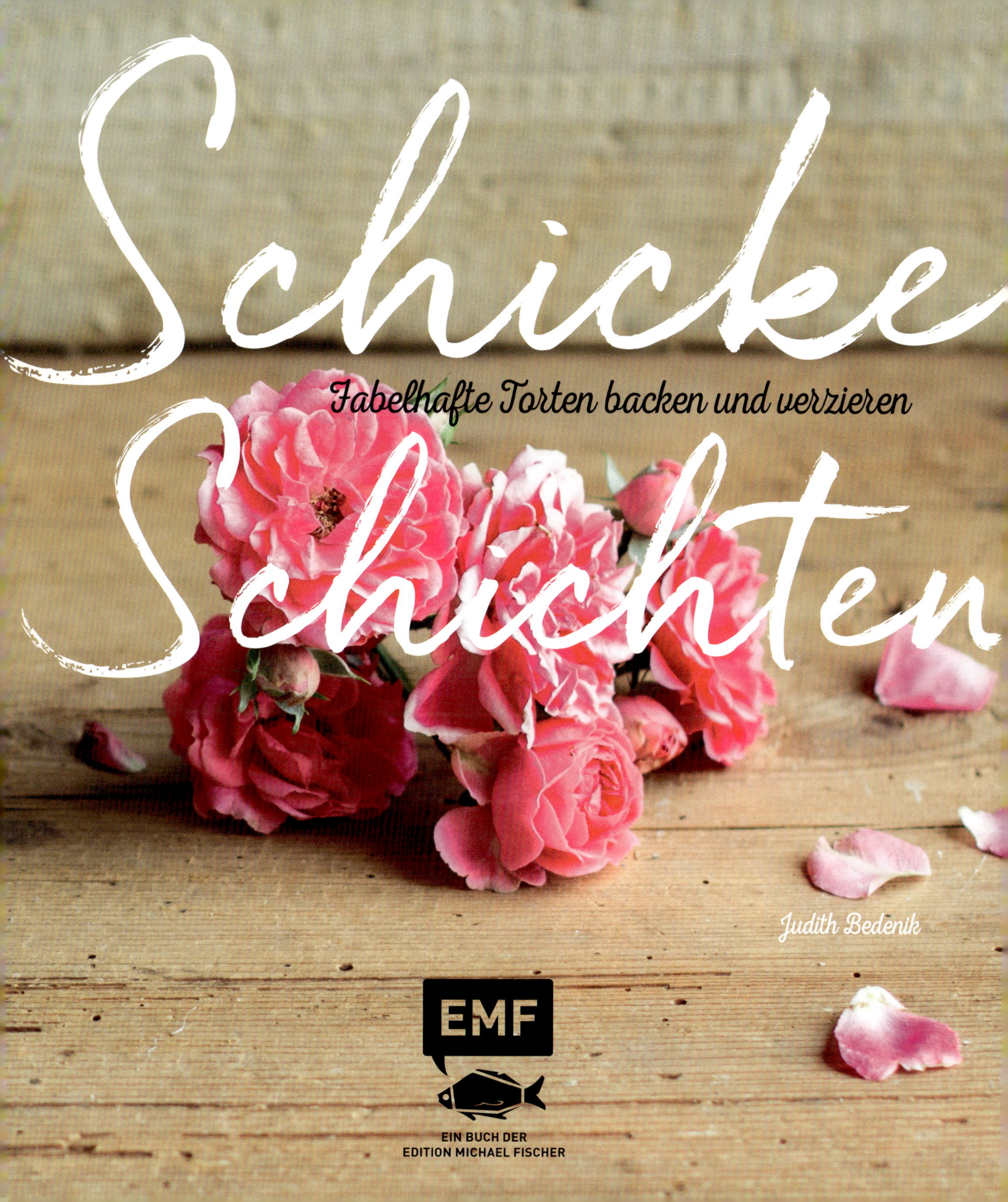

Schicke Schichten

Fabelhafte Torten backen und verzieren

Judith Bedenik

EMF
EIN BUCH DER
EDITION MICHAEL FISCHER

Inhalt

Tortenliebe

Die Liebe zum Backen fing bei mir eigentlich schon sehr früh an. Neugierig schaute ich meiner Mama und meinen Omas zu, wenn sie einen Kuchenteig zubereiteten, bis ich irgendwann begann, selbst einen Marmorkuchen zu backen. Der Kuchenduft hat mich nämlich damals schon verzaubert. Da ich schon immer eine kleine Naschkatze war, hob ich mir stets das Beste bis zum Schluss auf und genoss dann jeden Bissen. Bis heute ist das Dessert für mich am wichtigsten – der krönende Abschluss nach einem wunderbaren Essen.

Ich war eigentlich nie ein großer Fan von den traditionellen und klassischen Torten, die es hier bei uns gibt, da mir diese immer zu üppig, viel zu süß oder zu künstlich waren. Als ich jedoch das erste Mal nach Paris kam, war ich sofort hin und weg von den entzückenden Törtchen in den Patisserien. Zu Hause versuchte ich, dieses süße Geschmackserlebnis in meine Küche zu holen, und entdeckte so meine Leidenschaft zum Kreieren eigener Törtchen. Ich begann Torten genau nach meinem Geschmack herzustellen - ohne Fondant, ohne Lebensmittelfarben oder viel zu süße Buttercremes. Es machte mir große Freude, meine kleinen Kunstwerke mit frischen Blumen zu schmücken, sie auf hübschem Geschirr anzurichten und zu fotografieren. Um meine Bilder und Kreationen auch anderen präsentieren zu können, startete ich meinen Blog **Kuchenduft und Törtchenzauber**. Ich freute mich, dass so viele von meinen Torten begeistert waren und nach den Rezepten fragten. Insgeheim war es schon immer ein Traum von mir, einmal ein eigenes Backbuch zu machen. Umso schöner ist es, dass ich es jetzt tatsächlich in den Händen halte und so meine Leidenschaft mit Ihnen teilen kann.

Bei einigen Torten in diesem Buch hatte ich gleich eine klare Vorstellung, wie ich sie in Szene setzen könnte, bei anderen wiederum entwickelte sich das Bild erst während ich die Torte dekorierte. Und genau das ist das Schöne am Kreativsein. Als Dekoration dienten mir hauptsächlich Blumen und Blüten aus dem Garten sowie Fundstücke, die ich größtenteils auf meinen Reisen entdeckte und daher für mich eine besondere Bedeutung haben.

Nun lade ich Sie herzlich ein, einen Blick in das Buch zu werfen und sich von meinen schicken Schichten inspirieren zu lassen!

Zutaten

Mehl

Für die Rezepte im Buch verwende ich fein gemahlenes Dinkelmehl, da es meiner Meinung nach gesünder ist und besser verträglich als weißes Mehl. Ich beziehe das Dinkelmehl von einem Bauernhof aus der Region, der den Dinkel selbst anbaut und verarbeitet. Das Dinkelmehl lässt sich in allen Rezepten problemlos durch einfaches weißes Mehl (Type 480, glatt) ersetzen.

Zucker

Zu große Mengen an raffiniertem weißem Zucker schaden der Gesundheit. Daher verwende ich beim Backen hauptsächlich Bio-Rohrohrzucker. Dieser wird nicht wie der weiße raffinierte Zucker von der Zuckerrübe, sondern vom Zuckerrohr gewonnen. Außerdem ist er weniger stark raffiniert und behält somit Mineralstoffe des Zuckerrohrs. Noch naturbelassener ist Vollrohrzucker, der einen sehr intensiven, karamellartigen Geschmack hat, aber nicht mit braunem Zucker zu verwechseln ist. Der Rohrohrzucker kann in den Rezepten durch normalen weißen Zucker ersetzt werden.

Vanille

Ich verwende am liebsten Produkte, die echte Vanille enthalten. Bei den Tortenböden und Cremes gebe ich gerne eine Prise Bio-Vanillepulver hinzu, da der Geschmack noch intensiver ist als bei Vanillezucker. Daher aber auch vorsichtig mit der Dosierung sein! Wer kein Vanillepulver erhält, kann natürlich auch Vanillezucker verwenden. Dann sollte man aber darauf achten, dass echte gemahlene Vanille enthalten ist.

Eier

Die Eier beziehe ich von demselben Bauernhof, da ich weiß, dass dort ein liebevoller Umgang mit den Hühnern gepflegt wird und diese sich frei in der Natur bewegen können. Zum Backen empfehle ich Größe L oder M und am besten bio.

Schokolade

Schokolade ist für mich die beste Süßigkeit, die es gibt. Vor allem geschmolzene Schokolade bringt auch mich zum Schmelzen! Beim Backen ist es mir daher sehr wichtig, auf die Qualität der Schokolade zu achten, um beste Geschmacksergebnisse zu erzielen. Man schmeckt wirklich den Unterschied, vor allem in den Cremes und Ganachen. Daher gebe ich für gute Schokolade lieber ein wenig mehr aus. Sollte die Schokolade für ein Rezept geschmolzen werden, empfehle ich, dies über dem heißen Wasserbad zu tun. Dazu ein wenig Wasser in einen Topf füllen und dieses erhitzen. Die Schokolade hacken und in eine Metallschüssel geben. Die Schüssel auf den Topf setzen. Darauf achten, dass der Boden der Schüssel das Wasser nicht berührt. Das Wasser soll nicht kochen und es darf keinesfalls ein Wassertropfen in die Schokolade gelangen!

Früchte

Bei der Herstellung meiner Torten verwende ich am liebsten frische Früchte aus der Region, da sie geschmacklich einfach unübertrefflich sind. Am besten schmeckt es natürlich, wenn man die Früchte selbst aus dem eigenen Garten ernten kann. Ansonsten kaufe ich gerne auf dem Bauernmarkt ein, da ich dann weiß, woher die Früchte kommen.

Butter, Frischkäse, Mascarpone

Zum Backen meiner Torten empfehle ich echte Butter. Diese sollte man einige Zeit vor dem Backen aus dem Kühlschrank nehmen, damit sie leichter zu verarbeiten ist. Bei Frischkäse und Mascarpone verwende ich immer Produkte mit vollem Fettgehalt.

Karamell, Erdnussbutter, Lemon Curd

Produkte wie Karamellcreme und Erdnussbutter sind mittlerweile schon überall erhältlich. Dennoch stelle ich sie lieber selbst her, da ich dann weiß, was wirklich in den Produkten steckt, und außerdem schmecken sie selbst gemacht viel besser. Natürlich ist die eigene Herstellung mit ein wenig mehr Zeitaufwand verbunden, doch die Produkte lassen sich bereits ein paar Tage vor Zubereitung der Torten herstellen. Lemon Curd kann man ebenfalls ganz leicht selbst machen. Probieren Sie auch unbedingt die Variante mit Brombeeren. Die Rezepte finden Sie bei der jeweiligen Torte!

Materialien

Tortenformen

Für die meisten Torten in diesem Buch habe ich Tortenformen mit 10 cm und 15 cm Durchmesser verwendet. Ich habe je zwei Stück, sodass ich die Böden gleichzeitig backen kann. Die Torten können aber natürlich auch in größeren Formen gebacken werden. Jedoch werden sie dann flacher und die Backzeit verändert sich. Für die Eistorten benötigt man eine Springform mit 18 cm Durchmesser und mindestens 9 cm Höhe oder man greift auch hier auf eine größere Form zurück.

Küchenmaschine

Eine leistungsstarke Küchenmaschine ist beim Herstellen der Tortenböden und Cremes auf jeden Fall von Vorteil, vor allem, wenn man so wie ich viel und gerne backt. Und die Tortenböden werden mit meiner Maschine richtig schön locker und fluffig.

Messer, Drehteller, Streichpaletten

Zum Durchschneiden der Tortenböden verwende ich ein großes gezacktes Messer oder ein Tortenmesser. Dadurch, dass es sich um Torten mit kleinem Durchmesser handelt, ist es noch leichter, die Tortenböden gerade durchzuschneiden.

Zum Einstreichen der Torten empfehle ich auf jeden Fall einen Drehteller sowie eine kleine Streichpalette oder eine kleine Winkelpalette. Mit den Paletten lassen sich die Cremes schön glätten, aber auch Muster in die Torte zeichnen.

Tüllen

Mit den verschiedenen Tüllen lassen sich wunderschöne Muster auf die Torten spritzen. Es gibt unendliche viele Tüllenvarianten. Ich empfehle jedoch, keine Kunststofftüllen zu verwenden, sondern Tüllen aus Edelstahl. Für einige Torten in diesem Buch habe ich folgende Tüllen verwendet: große Lochtülle, französische Sterntülle, offene Sterntülle und Blatttülle (oder Blütentülle genannt).

Dekoration

Bei der Dekoration der Torten sind der Fantasie keine Grenzen gesetzt! Am liebsten dekoriere ich meine Torten mit frischen, ungespritzten Blumen und Blüten aus dem Garten. Die Vielfalt und Farbenpracht der Natur begeistern mich immer wieder aufs Neue. Mit Holzstäbchen und Bändern in verschiedenen Farben und Mustern lassen sich hübsche Fähnchen oder persönliche Botschaften gestalten, die man in die Torte stecken kann.

Große
Lochtülle
Französische
Sterntülle
Offene
Sterntülle
Blatttülle

EINE TORTE BACKEN:
Tipps & Tricks

- Die Zutaten lassen sich am leichtesten verarbeiten, wenn sie Zimmertemperatur haben. Wichtig ist daher, Butter und Eier rechtzeitig aus dem Kühlschrank zu nehmen. Die Butter sollte auf jeden Fall weich sein.
- Das Mehl siebe ich stets, bevor ich es zu den anderen Zutaten gebe. Dann werden die Tortenböden noch fluffiger.
- Die Tortenformen fette ich nur am Boden mit ein wenig Butter ein.
- Die Tortenböden backe ich – wenn nicht anders angegeben – mit Ober-/Unterhitze.
- Die Ofentür sollte erst kurz vor Ende der Backzeit geöffnet werden. Ansonsten kann der Teig in sich zusammenfallen oder geht nicht so schön auf.
- Jeder Backofen backt anders. Daher können die Zeitangaben ein wenig variieren. Mit der Stäbchenprobe kann man aber prüfen, ob der Teig durchgebacken ist. Dazu beispielsweise ein langes, dünnes Holzstäbchen in den Tortenboden stecken. Wenn keine Teigreste mehr dran kleben, ist der Teig fertig.
- Die Tortenböden sollten nach dem Herausnehmen aus dem Ofen ein paar Minuten in den

Formen ruhen, bevor man sie stürzt. Mit einem Messer kann man die Tortenböden ein wenig an den Rändern lockern, damit sie sich leichter aus den Formen lösen lassen.

- Manche Tortenböden gehen beim Backen in der Mitte etwas mehr auf. Diese Kuppen sollten nach dem Auskühlen abgeschnitten werden, um die Böden zu begradigen.
- Zum Durchschneiden der Böden das Tortenmesser waagrecht am Rand anlegen und ein paar Millimeter tief rundherum einschneiden. Das Messer dabei immer auf gleicher Höhe halten. Danach den Tortenboden mit dem Messer ganz durchschneiden, am besten sägend.
- Beim Übereinanderlegen der Böden darauf achten, dass der letzte Tortenboden mit der Seite nach oben liegt, die beim Backen unten war. So erhält man eine gerade Tortenoberfläche.
- Beim Einstreichen der Torte wird zunächst eine dünne Schicht Creme aufgetragen, um die Brösel der Tortenböden abzudecken. 20–30 Minuten kühl stellen, danach eine weitere Schicht auftragen, sodass keine Brösel mehr durchscheinen.
- Sollte die Torte beim Einstreichen sehr wackelig sein, kann man sie stabilisieren, indem man einen Spieß in die Mitte der Torte steckt und sie dann für längere Zeit kühl stellt.
- Für die Herstellung der Eistorten empfehle ich eine Eismaschine. Ich persönlich verwende eine mit Kompressor. Das Pfirsich- und Himbeereis lässt sich auch ohne Eismaschine herstellen, es wird jedoch weniger cremig. Die Masse in eine vorgekühlte Dose füllen und im Gefrierschrank zu Eis gefrieren lassen. Gelegentlich umrühren, damit sich weniger Eiskristalle bilden.

ZITRONEN-JOGHURT-TORTE

mit Fliederblütensirup

Der selbst gemachte Fliederblütensirup gibt der Torte eine leicht süße, blumige Note und harmoniert einfach perfekt mit dem erfrischenden, süßsäuerlichen Lemon Curd. Diese Torte weckt Frühlingsgefühle!

Zutaten

Für den Fliederblütensirup

30–50 g frische, unbehandelte Fliederblüten (Vorsicht: Manche Fliedersorten sind giftig, deshalb nur den Frühlingsflieder, Syringa vulgaris, nehmen)

150 g Sirupzucker, 1 Biozitrone

Für den Lemon Curd

2 Biozitronen

1 TL Speisestärke

125 g Rohrohrzucker

2 Eier

60 g Butter, in Würfeln

Für die Tortenböden

(2 Tortenformen mit je 15 cm Ø)

6 Eier

1 Prise Salz

180 g Rohrohrzucker

½ TL Vanillezucker

1 Prise Vanillepulver

150 g feines Dinkelmehl

30 g Speisestärke

Für die Creme

200 g griechischer Joghurt (10 %)

6–7 EL Fliederblütensirup

100 ml Sahne

Fliederblüten

Fliederblütensirup
Die Stängel und Blätter vollständig von den Fliederblüten entfernen. Die Blüten gegebenenfalls vorsichtig säubern. Sirupzucker mit 100 ml Wasser aufkochen und köcheln lassen, bis sich der Zucker aufgelöst hat und das Wasser klar ist. Danach abkühlen lassen. Die Zitrone heiß waschen und etwa die Hälfte in Scheiben schneiden und gemeinsam mit den Fliederblüten ins Zuckerwasser geben. Zugedeckt ca. 2 Tage im Kühlschrank ziehen lassen. Hin und wieder mit einem Holzlöffel umrühren. Sirup durch ein Sieb gießen und in ein Fläschchen oder Marmeladenglas füllen.

Lemon Curd
Die Zitronen heiß waschen und abtrocknen. Die Schale abreiben. Danach die Zitronen auspressen und 80 ml Saft abmessen. Zitronensaft, Zitronenschale, Zucker, Eier und Speisestärke in einen beschichteten Topf geben und mit dem Schneebesen ein wenig verquirlen. Unter ständigem Rühren auf niedriger Stufe erhitzen, bis die Masse leicht andickt. Sofort vom Herd nehmen und die Butter unterrühren. Den Curd durch ein Sieb streichen, in ein sauberes Marmeladenglas füllen und kühl stellen. Wer sichergehen möchte, dass der Curd nicht zu heiß wird, kann ihn auch in einer Schüssel über dem Wasserbad zubereiten. Dann dauert es jedoch länger, bis der Curd richtig eindickt.

Tortenböden

Den Backofen auf 180 °C vorheizen. Die Eier trennen und die Eiweiße mit einer Prise Salz locker aufschlagen. Dann die Hälfte des Zuckers einrieseln lassen und zu Schnee schlagen. Eigelbe mit der anderen Hälfte Zucker, Vanillezucker und Vanillepulver dickschaumig aufschlagen. Das Mehl und die Speisestärke in eine Schüssel sieben. Abwechselnd den Eischnee und die Mehlmischung unter die Ei-Zucker-Masse heben. Den Teig gleichmäßig auf zwei eingefettete und mit Mehl bestäubte Tortenformen aufteilen und etwa 35 Minuten backen. Mit einem Stäbchen prüfen, ob der Teig durchgebacken ist. Die Formen aus dem Ofen nehmen, ein paar Minuten warten und dann die Tortenböden vorsichtig aus den Formen lösen. Auf einem Gitter vollständig abkühlen lassen.

Creme

Den griechischen Joghurt in eine Schüssel geben, Fliederblütensirup hinzufügen und glatt rühren. Die Sahne steif schlagen und unter den Joghurt heben. Die Creme mindestens 30 Minuten kühl stellen.

Torte zusammensetzen

Die Tortenböden einmal waagrecht halbieren. 3 Esslöffel Lemon Curd auf einen Tortenboden streichen. Zweiten Tortenboden darauflegen und den Vorgang 2-mal wiederholen. Den letzten Tortenboden mit der Unterseite nach oben darauflegen. Ca. 30 Minuten in den Kühlschrank stellen. Eventuell ein Holzstäbchen in die Mitte der Torte stecken, um sie zu stabilisieren. Die Torte vollständig mit der Joghurtcreme einstreichen. Nochmals 30 Minuten kühlstellen. Eventuell eine weitere Schicht Creme auftragen. Das Holzstäbchen entfernen und die Torte mit Fliederblüten dekorieren.

Tipp

Der Fliederblütensirup sollte am besten schon 2 Tage im Voraus hergestellt werden.

TIRAMISU-TORTE
mit Kaffeeschokoladensplitter

Für alle treuen Tiramisu-Fans habe ich den italienischen Dessertklassiker in ein hübsches Törtchen verwandelt. Die Kaffeeschokoladensplitter sind noch ein zusätzliches kleines Highlight. Perfekt zum Nachmittagskaffee!

Zutaten

Für die Creme
3 Eigelbe
50 g Puderzucker
1 Prise Vanillepulver
250 g Mascarpone

Für die Tortenböden
(1 Tortenform mit 15 cm Ø)
4 Eier
1 Prise Salz
120 g Rohrohrzucker
¼ TL Vanillezucker
1 Prise Vanillepulver
100 g feines Dinkelmehl
20 g Speisestärke
1 Tasse Espresso
ein wenig Kaffee- oder Zartbitterschokolade
ungesüßtes Kakaopulver

Creme
Die Eigelbe mit dem Zucker und dem Vanillepulver dickschaumig aufschlagen. Mascarpone hinzufügen und kurz weitermixen, bis alles gut vermengt ist. Nicht zu lange rühren! Die Creme mindestens 3 Stunden kühl stellen.

Tortenböden
Den Backofen auf 180 °C vorheizen. Die Eier trennen und die Eiweiße mit einer Prise Salz locker aufschlagen. Dann die Hälfte des Zuckers einrieseln lassen und zu Schnee schlagen. Eigelbe mit der anderen Hälfte Zucker, Vanillezucker und Vanillepulver dickschaumig aufschlagen. Das Mehl und die Speisestärke in eine Schüssel sieben. Abwechselnd den Eischnee und die Mehlmischung unter die Ei-Zucker-Masse heben. Den Teig in die eingefettete und mit Mehl bestäubte Tortenform geben und etwa 40 Minuten backen. Mit einem Stäbchen prüfen, ob der Teig durchgebacken ist. Die Form aus dem Ofen nehmen, ein paar Minuten warten und dann den Tortenboden vorsichtig aus der Form lösen. Auf einem Gitter vollständig abkühlen lassen.

Torte zusammensetzen
Den Tortenboden 2-mal waagrecht durchschneiden, sodass insgesamt 3 Tortenböden entstehen. Den ersten Tortenboden mit ein wenig Espresso beträufeln und mit Mascarponecreme bestreichen. Zweiten Boden darauflegen und ebenfalls ein wenig Espresso darüberträufeln und mit Creme bestreichen. Den letzten Tortenboden mit der Unterseite nach oben daraufsetzen und mit der restlichen Creme bestreichen. Mit einem Käsehobel oder einem Messer kleine Röllchen bzw. Splitter von der Schokolade hobeln. Kaffeeschokoladensplitter auf der Torte verteilen und mit Kakaopulver bestäuben.

Tipp
Sollte die Creme sehr weich sein, einfach die fertige Torte eine Weile kühl stellen!

ERDBEER-CHEESECAKE
mit weißer Schokolade

Dieser Cheesecake erinnert mich immer an meine Zeit in Amerika und Kanada. Und zu Hause schmeckt er genauso gut! Am besten gleich mit den ersten Erdbeeren der Saison genießen.

Zutaten

Für den Keksboden

(1 Tortenform mit 15 cm Ø)

100 g Oreo-Kekse

20 g zerlassene Butter

Für die Frischkäsemasse

130 g weiße Schokolade

400 g Frischkäse

160 g Quark (20 %)

65 g Puderzucker

½ TL Vanillezucker

1 Prise Vanillepulver

20 g Speisestärke

2 Eier

50 ml Sahne

frische Erdbeeren

Tipp

Anstelle von Oreo-Keksen können Sie auch Vollkornkekse verwenden. Dann benötigt man aber 50 g Butter!

Keksboden

Den Backofen auf 160 °C Heißluft vorheizen. Die Tortenform mit Backpapier auskleiden oder eine Springform mit Butter einfetten. Die Oreo-Kekse (mit Füllung) mit einem Blitzhacker zu Kekskrümeln verarbeiten. Die zerlassene Butter hinzufügen und mit den Händen verkneten. Die Kekskrümel auf den Boden der Form geben und mit den Fingern leicht andrücken. 6–7 Minuten vorbacken. Die Form aus dem Ofen nehmen und etwas abkühlen lassen.

Frischkäsemasse

Die Schokolade über dem Wasserbad schmelzen und abkühlen lassen. Frischkäse und Quark verrühren. Puderzucker, Vanillezucker, Vanillepulver und Speisestärke hinzugeben und mit einem Löffel glatt rühren. Die Eier einzeln hinzugeben und verrühren. Die flüssige Sahne unterrühren und zum Schluss die geschmolzene Schokolade hinzufügen. Die Cheesecake-Masse auf dem Keksboden verteilen und glatt streichen. 10 Minuten backen, dann die Temperatur auf 150 °C reduzieren und weitere 50 Minuten backen. Danach den Ofen ausschalten und den Cheesecake eine weitere halbe Stunde im geschlossenen Ofen stehen lassen. Aus dem Ofen nehmen und vollständig abkühlen lassen. Am besten über Nacht im Kühlschrank durchziehen lassen. Am nächsten Tag mit halbierten und ganzen Erdbeeren dekorieren.

NAKED CAKE
mit Erdbeeren und Rosensirup

Ich liebe es, im Sommer an den duftenden Rosen vorbeizugehen und meine Torten mit ihnen zu schmücken – wie hier mit einem Kränzchen aus zarten kleinen Rosen und frischen Minzblüten.

Zutaten

Für den Rosensirup

150 g Sirupzucker
100 ml Wasser
2 Hände getrocknete Bio-Rosenknospen

Für die Tortenböden

(2 Tortenformen mit je 15 cm Ø)
6 Eier
1 Prise Salz
180 g Rohrohrzucker
½ TL Vanillezucker
1 Prise Vanillepulver
125 g feines Dinkelmehl
30 g Speisestärke
25 g gemahlene Mandeln

Für die Creme

50 g Frischkäse
200 g griechischer Joghurt
40 g Puderzucker
1 Prise Vanillepulver
3 TL Rosensirup
150 ml Sahne

125 g frische Erdbeeren
Erdbeermarmelade
Puderzucker

Rosensirup
Sirupzucker und Wasser aufkochen und köcheln lassen, bis sich der Zucker aufgelöst hat und das Wasser klar ist. Etwas abkühlen lassen. Dann die Rosenknospen hinzugeben und zugedeckt für mehrere Stunden ziehen lassen. Sirup durch ein Sieb gießen und in ein kleines Fläschchen füllen.

Tortenböden
Den Backofen auf 180 °C vorheizen. Die Eier trennen und die Eiweiße mit einer Prise Salz locker aufschlagen. Dann die Hälfte des Zuckers einrieseln lassen und zu Schnee schlagen. Eigelbe mit der anderen Hälfte Zucker, Vanillezucker und Vanillepulver dickschaumig aufschlagen. Das Mehl und die Speisestärke sieben und mit den Mandeln vermischen. Abwechselnd den Eischnee und die Mehlmischung unter die Ei-Zucker-Masse heben. Den Teig gleichmäßig auf zwei eingefettete und mit Mehl bestäubte Tortenformen aufteilen und etwa 35 Minuten backen. Mit einem Stäbchen prüfen, ob der Teig durchgebacken ist. Die Formen aus dem Ofen nehmen, ca. 10 Minuten warten und dann die Böden vorsichtig aus den Formen lösen. Auf einem Gitter vollständig abkühlen lassen.

Creme
Frischkäse mit griechischem Joghurt glatt rühren. Puderzucker und Vanillepulver darübersieben und mit einem Löffel verrühren. Rosensirup darunterrühren. Sahne steif schlagen und vorsichtig unter die Creme heben. Mindestens eine halbe Stunde kühl stellen.

Torte zusammensetzen

Die Tortenböden einmal waagrecht halbieren. Die Erdbeeren in kleine Stücke schneiden. Den untersten Tortenboden mit ein wenig Erdbeermarmelade bestreichen. Ca. 3 Esslöffel von der Joghurtcreme daraufgeben und verstreichen. Mit Erdbeerstücken belegen und zweiten Tortenboden daraufsetzen. Den Vorgang 2-mal wiederholen und mit dem letzten Tortenboden mit der Unterseite nach oben abschließen. Den Tortendeckel mit der restlichen Joghurtcreme bestreichen. 2–3 Teelöffel Rosensirup mit so viel Puderzucker verrühren, bis eine zähflüssige Glasur entsteht. Wer möchte, kann die Glasur mit 1–2 Tropfen rotem Fruchtsaft rosa einfärben. Die Glasur an der Torte seitlich herunterlaufen lassen. Mit ungespritzten Rosen und Minzblüten oder Erdbeeren dekorieren.

Tipp

Wer ein intensiveres Rosenaroma haben möchte, kann die Tortenböden mit dem Rosensirup beträufeln. Der Sirup schmeckt auch lecker in Sommergetränken und Eis!

HIMBEER-BISKUIT-TORTE
mit Frischkäsecreme

Eine leichte Sommertorte, die mit flaumigen Biskuitböden, einer erfrischenden Creme und einer fruchtigen Himbeernote begeistert! Mmmhh!

Zutaten

Für die Tortenböden
(2 Tortenformen mit je 15 cm Ø)
6 Eier
1 Prise Salz
180 g Rohrohrzucker
½ TL Vanillezucker
1 Prise Vanillepulver
125 g feines Dinkelmehl
30 g Speisestärke
25 g gemahlene Mandeln

Für die Creme
150 g weiche Butter
100 g Puderzucker
300 g Frischkäse
150 g frische Himbeeren

Tortenböden
Backofen auf 180 °C vorheizen. Eier trennen und die Eiweiße mit einer Prise Salz locker aufschlagen. Die Hälfte des Zuckers einrieseln lassen und zu Schnee schlagen. Eigelbe mit der anderen Hälfte Zucker, Vanillezucker und Vanillepulver dickschaumig aufschlagen. Mehl und Speisestärke sieben und mit den Mandeln vermischen. Abwechselnd Eischnee und Mehlmischung unter die Ei-Zucker-Masse heben. Den Teig gleichmäßig auf zwei eingefettete und mit Mehl bestäubte Tortenformen aufteilen und ca. 35 Minuten backen. Mit einem Stäbchen prüfen, ob der Teig durchgebacken ist. Formen aus dem Ofen nehmen, ca. 10 Minuten warten und dann die Böden vorsichtig aus den Formen lösen. Auf einem Gitter abkühlen lassen.

Creme
Die weiche Butter cremig rühren. Den Puderzucker sieben und zur Butter geben. Den Frischkäse hinzufügen und nur so lange mixen, bis eine schöne Creme entstanden ist. 150 g von dieser Creme in eine Schüssel geben und kühl stellen. 125 g Himbeeren zur restlichen Creme geben, mit einer Gabel zerdrücken und umrühren, sodass sich die Creme leicht rosa verfärbt. Ebenfalls kühl stellen, bis sie streichfähig ist.

Torte zusammensetzen
Die Tortenböden waagrecht halbieren. 2–3 Esslöffel von der Himbeercreme auf den untersten Tortenboden verstreichen und mit ein paar frischen, halbierten Himbeeren belegen. Vorgang 2-mal wiederholen und schließlich den letzten Tortenboden darauflegen. Obersten Tortenboden sowie das oberste Viertel mit einer dünnen Schicht der weißen Creme bedecken und kühl stellen. Denselben Teil mit einer weiteren Schicht bedecken, sodass nichts mehr vom Teig durchscheint. Den unteren Teil der Torte mit einem Teil der Himbeercreme einstreichen und kühl stellen. Danach mit der restlichen Himbeercreme bestreichen. Die Torte ca. 20 Minuten kühl stellen. Mit einer kleinen Streichpalette ein Muster in die rosa Creme zeichnen, indem man von unten nach oben fährt. Mit kleinen Rosen dekorieren.

ERDBEER-MANDEL-TORTE
mit Mascarponecreme

Die Erdbeerzeit wird bei mir immer vollkommen ausgekostet. Aber ich kann mir sehr gut vorstellen, dass diese Torte auch mit anderen Beeren oder kleinen Marillenstücken lecker schmeckt!

Zutaten

Für die Tortenböden
(2 Tortenformen mit je 15 cm Ø)
4 Eier
1 Prise Salz
65 g weiche Butter
165 g Rohrohrzucker
½ TL Vanillezucker
1 Prise Vanillepulver
130 ml Milch
60 g gemahlene Mandeln
170 g feines Dinkelmehl
½ TL Backpulver

Für die Creme
300 g Mascarpone
50 g Puderzucker
1 Prise Vanillepulver
150 ml Sahne

125 g frische Erdbeeren

Tortenböden
Backofen auf 180 °C vorheizen. Eier trennen und Eiweiße mit einer Prise Salz zu Schnee schlagen. Butter mit dem Zucker, Vanillezucker und Vanillepulver schaumig schlagen. Eigelbe einzeln einrühren. Ein wenig Milch hinzugeben und kurz weitermixen. Mehl sieben und mit den Mandeln und dem Backpulver mischen. Abwechselnd die Mehlmischung und die Milch unter die Butter-Ei-Masse heben. Zum Schluss den Eischnee vorsichtig unterheben. Den Teig gleichmäßig auf zwei eingefettete Tortenformen aufteilen und 30 Minuten backen. Danach die Temperatur auf 170 °C reduzieren und weitere 10–15 Minuten backen. Mit einem Stäbchen prüfen, ob der Teig durchgebacken ist. Die Formen aus dem Ofen nehmen und ca. 10 Minuten abkühlen lassen. Dann die Böden aus den Formen nehmen und auf einem Gitter abkühlen lassen.

Creme
Mascarpone in eine Schüssel geben, Puderzucker und Vanillepulver darübersieben und mit einem Löffel glatt rühren. Die Sahne steif schlagen und unter die Mascarponecreme heben. Eine halbe Stunde kühlstellen.

Torte zusammensetzen
Tortenböden waagrecht halbieren. Erdbeeren in kleine Stücke schneiden. 2–3 Esslöffel von der Mascarponecreme auf dem untersten Tortenboden verstreichen. Mit Erdbeerstücken belegen. Zweiten Tortenboden darauflegen und den Vorgang 2-mal wiederholen. Den letzten Tortenboden mit der Unterseite nach oben darauflegen. Die Torte oben und seitlich mit einer dünnen Schicht Creme bestreichen. 15 Minuten in den Kühlschrank stellen. Danach mit einer weiteren Schicht einstreichen. Um den Half-naked-Look zu erzeugen, eine kleine Streichpalette seitlich bei der Torte anlegen und währenddessen den Tortenteller drehen, bis Stellen von den Tortenböden sichtbar werden. Die Torte mit Erdbeeren oder einer ungespritzten Blume dekorieren.

BERRY-CHERRY-CHEESECAKE

mit griechischem Joghurt

Meine Lieblingssommerfrüchte vereint auf einem erfrischenden Cheesecake. Der griechische Joghurt macht dieses Törtchen zu einer etwas leichteren Version des amerikanischen Klassikers!

Zutaten

Für das Erdbeerpüree
100 g Erdbeeren
1 EL Rohrohrzucker

Für den Keksboden
(1 Tortenform mit 15 cm Ø)
100 g Vollkornkekse
1 Prise Zimt
60 g zerlassene Butter

Für die Frischkäsemasse
250 g Frischkäse
70 g Puderzucker
½ TL Vanillezucker
1 Prise Vanillepulver
200 g griechischer Joghurt
2 Eier

frische Sommerfrüchte

Tipp

Anstelle des Erdbeerpürees kann auch ein Himbeerpüree zubereitet werden. Dieses sollte aber durch ein Sieb gestrichen werden, um die Kerne zu entfernen.

Erdbeerpüree

Die Erdbeeren mit dem Zucker in einen Topf geben und köcheln lassen, bis sie weich sind. Danach pürieren und abkühlen lassen.

Keksboden

Den Backofen auf 160 °C Heißluft vorheizen. Die Tortenform mit Backpapier auskleiden oder eine Springform mit Butter einfetten. Die Vollkornkekse mit einem Blitzhacker zu Kekskrümeln verarbeiten, Zimt hinzufügen und kurz durchrühren. Die zerlassene Butter hinzufügen und mit den Händen verkneten. Die Kekskrümel auf den Boden der Form geben und mit den Fingern leicht andrücken. 10–12 Minuten vorbacken. Die Form aus dem Ofen nehmen und abkühlen lassen.

Frischkäsemasse

Den Frischkäse mit Puderzucker, Vanillezucker und Vanillepulver verrühren. Den Joghurt hinzufügen und mit einem Löffel glatt rühren. Die Eier einzeln hinzugeben und verrühren. Die Hälfte der Cheesecake-Masse auf dem Keksboden verteilen, ein wenig vom Erdbeerpüree darüberträufeln. Restliche Creme darübergießen und glattstreichen. Ca. 40 Minuten backen, dann den Ofen ausschalten und den Cheesecake eine halbe Stunde im geschlossenen Ofen stehen lassen. Aus dem Ofen nehmen und vollständig abkühlen lassen. Für mehrere Stunden oder über Nacht im Kühlschrank durchziehen lassen.

Cheesecake dekorieren

Die Sommerfrüchte auf dem Cheesecake verteilen. Das restliche Erdbeerpüree zum Cheesecake reichen.

HEIDELBEER-MASCARPONE-TORTE
im Ombré-Look

Ich verzichte gerne auf Lebensmittelfarben und verwende lieber Heidelbeeren zum Einfärben der Cremes. Die Farbschattierungen der Torte sowie die bezaubernden Dahlien machen die Torte zu einem richtigen Hingucker!

Zutaten

Für das Heidelbeermus
150 g frische Heidelbeeren
1 EL Rohrohrzucker

Für die Tortenböden
(2 Tortenformen mit je 15 cm Ø)
6 Eier
1 Prise Salz
100 g weiche Butter
250 g Rohrohrzucker
½ TL Vanillezucker
200 ml Milch
250 g feines Dinkelmehl
100 g gemahlene Mandeln
1 Prise Zimt
¾ TL Backpulver

Für die Creme innen
200 g Mascarpone
30–40 g Puderzucker
1 Prise Vanillepulver
100 ml Sahne

Für die Creme außen
7 EL Mascarpone
50 ml Sahne
Puderzucker zum Süßen

100 g frische Heidelbeeren

Heidelbeermus
150 g Heidelbeeren mit dem Zucker aufkochen und pürieren. Danach abkühlen lassen.

Tortenböden
Den Backofen auf 180 °C vorheizen. Die Eier trennen und die Eiweiße mit einer Prise Salz zu Schnee aufschlagen. Die weiche Butter cremig rühren, Zucker und Vanillezucker hinzufügen und weitermixen. Die Eigelbe einzeln hinzufügen und schaumig rühren. Einen Teil der Milch hinzugeben und kurz mixen, bis alles gut vermengt ist. Das Mehl sieben und mit den Mandeln, Zimt und Backpulver vermischen. Die Mehlmischung abwechselnd mit der Milch unter den Teig rühren. Dazu am besten einen Schneebesen verwenden. Zum Schluss den Eischnee unterheben. Den Teig gleichmäßig auf zwei eingefettete Tortenformen aufteilen und 30 Minuten backen. Dann die Temperatur auf 170 °C reduzieren und weitere 20 Minuten backen. Mit einem Stäbchen testen, ob der Teig durchgebacken ist. Aus dem Ofen nehmen und ca. 10 Minuten stehen lassen. Danach die Böden vorsichtig aus den Formen lösen und auf einem Kuchengitter vollständig abkühlen lassen.

Creme innen
Mascarpone in eine Schüssel geben. Puderzucker und Vanillepulver darübersieben und glatt rühren. Sahne steif schlagen und unter die Mascarponecreme heben. Die Creme vor der weiteren Verwendung in den Kühlschrank stellen.

Creme außen

Für die äußere Creme benötigt man drei kleine Schüsseln. In die erste Schüssel 3 Esslöffel Mascarpone, 50 ml geschlagene Sahne und ein wenig Puderzucker geben und verrühren. In die zweite Schüssel 2 Esslöffel Mascarpone und 2 Teelöffel vom Heidelbeermus geben und verrühren, bis die Creme helllila ist. In die dritte Schüssel ebenfalls 2 Esslöffel Mascarpone und ca. 8 Teelöffel Heidelbeermus geben und verrühren, bis sich die Creme violett verfärbt.

Torte zusammensetzen

Die Tortenböden einmal waagrecht halbieren. Auf den untersten Tortenboden ca. 3 Esslöffel von der weißen Mascarponecreme geben und verstreichen. 2–3 Teelöffel vom Heidelbeermus darauf träufeln und ein paar frische Heidelbeeren darauf verteilen. Tortenboden daraufsetzen und den Vorgang 2-mal wiederholen. Den letzten Tortenboden mit der Unterseite nach oben darauflegen. Die Torte ca. 15 Minuten kühl stellen. Die violette Creme auf das untere Drittel der Torte geben und verstreichen. Die Mitte der Torte mit der lila Creme bedecken. Die weiße Creme oben und auf dem oberen Drittel verstreichen. Die einzelnen Farbschichten mit einer Streichpalette glätten. Mit frischen Dahlien oder Heidelbeeren dekorieren.

Tipp

Zum Einfärben von Cremes eignet sich auch gefriergetrocknetes Bio-Fruchtpulver. Oder Sie verwenden Himbeer- oder Brombeermarmelade für rosa Farbverläufe.

BROMBEER-JOGHURT-Törtchen

Seit einiger Zeit bin ich begeistert von diesen wunderschönen dunklen Brombeeren und verwende sie gerne in Cremes, als Curd oder im Eis. Probieren Sie es aus!

Zutaten

Für die Brombeermarmelade

250 g Brombeeren
1 EL Wasser
125 g Bio-Gelier-Rohrzucker

Für die Tortenböden

(2 Tortenformen mit je 10 cm Ø)
3 Eier
1 Prise Salz
90 g Rohrohrzucker
¼ TL Vanillezucker
1 Prise Vanillepulver
75 g feines Dinkelmehl
15 g Speisestärke

Für die Creme

70 g Frischkäse
200 g griechischer Joghurt
25 g Puderzucker
Brombeermarmelade

frische Brombeeren

Brombeermarmelade
Die Brombeeren mit 1 Esslöffel Wasser in einem Topf köcheln lassen, bis sie weich sind. Pürieren und durch ein Sieb streichen, um die Kerne zu entfernen. Die Brombeermasse zurück in den Topf geben und mit dem Gelierzucker ein paar Minuten köcheln lassen. In ein sauberes Marmeladenglas füllen und vollständig abkühlen lassen.

Tortenböden
Den Backofen auf 180 °C vorheizen. Die Eier trennen und die Eiweiße mit einer Prise Salz locker aufschlagen. Dann die Hälfte des Zuckers einrieseln lassen und zu Schnee schlagen. Eigelbe mit der anderen Hälfte Zucker, Vanillezucker und Vanillepulver dickschaumig aufschlagen. Das Mehl und die Speisestärke in eine Schüssel sieben. Abwechselnd den Eischnee und die Mehlmischung unter die Ei-Zucker-Masse heben. Den Teig gleichmäßig auf zwei eingefettete und mit Mehl bestäubte Tortenformen aufteilen und ca. 30 Minuten backen. Mit einem Stäbchen prüfen, ob der Teig durchgebacken ist. Die Formen aus dem Ofen nehmen, ein paar Minuten warten, dann die Böden vorsichtig aus den Formen lösen. Auf einem Gitter vollständig abkühlen lassen.

Creme

Den Frischkäse mit dem griechischen Joghurt verrühren. Puderzucker darübersieben und glattrühren. Ein paar Teelöffel Brombeermarmelade hinzufügen und rühren, bis die Creme eine schöne lila Farbe angenommen hat. Mindestens eine halbe Stunde bis Stunde kühl stellen.

Torte zusammensetzen

Die Tortenböden einmal waagrecht halbieren. Ein wenig von der Brombeercreme auf dem untersten Tortenboden verstreichen. Zweiten Tortenboden darauflegen und den Vorgang 2-mal wiederholen. Den letzten Tortenboden mit der Unterseite nach oben darauflegen. Das Törtchen für eine halbe Stunde in den Kühlschrank stellen. Danach das Törtchen mit einer Schicht Brombeercreme einstreichen und für weitere 15 Minuten kühl stellen. Das Törtchen mit einer weiteren Schicht Creme bedecken und gleichmäßig verstreichen. Mit Brombeeren und 1 ungespritzten Dahlienblüte dekorieren.

Tipp

Da das Törtchen sehr hoch ist, können die einzelnen Schichten leicht verrutschen. Daher empfiehlt es sich, während des Einstreichens einen Holzspieß in die Mitte des Törtchens zu stecken.

PFIRSICH-HIMBEER-EISTORTE
mit Rosensirup

Fruchtig und erfrischend - das perfekte Dessert für heiße Sommertage in Tortenform! Sie kann problemlos auch ohne Rosensirup hergestellt werden. Wer möchte, kann die Torte auch mit Holunderblütensirup verfeinern!

Zutaten

Für den Keksboden

(1 Springform mit 18 cm Ø und 9 cm Höhe)

100 g Vollkornkekse

1 Prise Zimt

50 g zerlassene Butter

Für das Pfirsicheis

3–4 große Pfirsiche, geschält und entsteint

3 EL Rohrohrzucker

¼ TL Vanillezucker

1 Prise Vanillepulver

200 g griechischer Joghurt

ca. 50 g Puderzucker

Rosensirup nach Bedarf (siehe Seite 24)

200 ml Sahne

Für das Himbeereis

300 g Himbeeren

4 EL Rohrohrzucker

¼ TL Vanillezucker

1 Prise Vanillepulver

200 g griechischer Joghurt

50 g Puderzucker

250 ml Sahne

Keksboden

Die Springform mit Backpapier auskleiden. Die Vollkornkekse mit einem Blitzhacker zu Kekskrümeln verarbeiten. Zimt und Butter hinzufügen und mit den Händen verkneten. Die Kekskrümel auf den Boden der Springform geben und mit den Fingern leicht andrücken. Danach bis zur weiteren Verwendung tiefkühlen.

Pfirsicheis

Die Pfirsiche vierteln und mit dem Zucker, Vanillezucker und Vanillepulver in einem Topf erhitzen und köcheln lassen, bis die Pfirsiche weich sind. Danach pürieren und vollständig abkühlen lassen. Den griechischen Joghurt in eine Schüssel geben. Puderzucker darübersieben und glatt rühren. Das Pfirsichmus und ein wenig Rosensirup nach Geschmack hinzufügen und umrühren. Die Sahne locker aufschlagen und unter die Pfirsich-Joghurt-Masse heben. Mindestens eine halbe Stunde in den Kühlschrank stellen oder 15 Minuten in das Gefrierfach. Danach die Masse in der Eismaschine zu Eis gefrieren lassen. Darauf achten, dass das Eis noch streichfähig ist. Wenn das Eis fertig ist, auf den Keksboden geben und glatt streichen. Danach die Eistorte für mehrere Stunden in den Gefrierschrank stellen.

Himbeereis

Ein Gefäß oder eine Dose im Gefrierschrank vorkühlen. Die Himbeeren mit dem Zucker, Vanillezucker und Vanillepulver in einem Topf erhitzen und ein paar Minuten köcheln lassen. Pürieren und durch ein Sieb streichen, um die Kerne zu entfernen. Das Himbeermus vollständig abkühlen lassen. Den Joghurt in eine Schüssel geben. Puderzucker darübersieben und glatt rühren. Das Himbeermus hinzufügen und umrühren. Die Sahne locker aufschlagen und darunterheben. Mindestens eine halbe Stunde in den Kühlschrank stellen oder 15 Minuten in das Gefrierfach. Die Eismasse in der Eismaschine gefrieren lassen. Das Eis in die vorgekühlte Schüssel füllen und tiefkühlen.

Torte dekorieren

Wenn das Pfirsicheis fest genug ist, den Rand der Springform lösen und die Torte auf eine Etagere oder einen Teller setzen. Das Himbeereis aus dem Gefrierschrank nehmen und mit zwei Esslöffeln Nocken formen und diese blütenförmig auf dem Pfirsicheis platzieren. Mit 1 ungespritzen Rosenblüte dekorieren. Sollte das Himbeereis zu fest sein, ein wenig antauen lassen und mit einem Eisportionierer Kugeln formen und auf die Torte geben.

SCHOKO-BROMBEER-EISTORTE

auf Oreo-Keksboden

Die Säure der Brombeeren und die Süße der weißen Schokolade harmonieren perfekt miteinander. In Kombination mit dem Oreo-Keksboden ist diese Torte ein wahrer Eistraum und zergeht förmlich auf der Zunge!

Zutaten

Für den Oreo-Keksboden

(1 Springform mit 18 cm Ø und 9 cm Höhe)

100 g Oreo-Kekse

1–2 EL Frischkäse

Für das Weiße-Schokoladen-Eis

200 g weiße Schokolade

300 ml Sahne

200 ml Milch

1 Prise Vanillepulver

2 Eigelbe

25 g Rohrohrzucker

Für das Brombeereis

300 g frische Brombeeren

2 EL Rohrohrzucker

200 ml gezuckerte Kondensmilch aus der Dose

300 ml Sahne

Oreo-Keksboden

Die Springform mit Backpapier auskleiden. Die Oreo-Kekse (mit Füllung) mit einem Blitzhacker zu Kekskrümeln verarbeiten. Den Frischkäse hinzufügen und mit den Händen verkneten. Die Oreo-Masse auf den Boden der Springform geben und mit den Fingern leicht andrücken. Danach tiefkühlen.

Weißes-Schokoladen-Eis

Die weiße Schokolade mit 150 ml Sahne in einem beschichteten Topf bei niedrigster Temperatur schmelzen und gut verrühren. Anschließend in eine größere Schüssel füllen. Die restliche Sahne mit der Milch und dem Vanillepulver leicht erhitzen, dann vom Herd nehmen – es soll nicht kochen. Währenddessen die Eigelbe mit dem Zucker in einer Schüssel über einem Wasserbad schaumig schlagen. Nach und nach die Milch-Sahne-Mischung dazugießen und dabei umrühren. Die gesamte Masse nun zurück in den Topf gießen und bei mittlerer Hitze unter ständigem Rühren erhitzen, bis die Masse leicht andickt. Die Masse sollte nicht kochen und nicht mehr als 80–85 °C erreichen, sonst gerinnt das Ei. Sobald die Masse etwas andickt, vom Herd nehmen und zur Schokolade gießen. Vollständig abkühlen lassen und am besten über Nacht in den Kühlschrank stellen. Am nächsten Tag die Eismasse durch ein Sieb gießen und in der Eismaschine gefrieren lassen. Das Eis sollte jedoch noch streichfähig sein. Wenn es fertig ist, das Eis auf den Oreo-Keksboden geben und glatt streichen. Danach mindestens eine halbe Stunde tiefkühlen.

Brombeereis

Die Brombeeren mit dem Zucker in einem Topf erhitzen und köcheln lassen, bis sie weich sind. Pürieren und durch ein Sieb streichen, um die Kerne zu entfernen. Wenn das Brombeermus abgekühlt ist, die Kondensmilch hinzufügen und verrühren. Die Sahne locker aufschlagen und unter die Brombeermasse heben. Eine halbe Stunde in den Kühlschrank stellen oder 15 Minuten in das Gefrierfach. Danach die Masse in der Eismaschine zu Eis gefrieren lassen. Darauf achten, dass das Eis noch streichfähig ist. Wenn das Eis fertig ist, auf das Weiße-Schokoladen-Eis geben und glatt streichen. Die Torte am besten über Nacht tiefkühlen.

Tipp

Die Eistorte sollte am Vortag hergestellt werden.

SCHOKO-ERDNUSS-EISTORTE
mit Salzkaramell

Schokolade, Erdnüsse und Karamell in einer Torte vereint – ein wahrer Eistraum! Die Erdnusscreme kann schon ein paar Tage im Voraus zubereitet werden. Es lohnt sich wirklich, sie selbst herzustellen.

Zutaten

Für die Erdnusscreme

150 g geröstete, ungesalzene Erdnüsse

1–2 EL neutrales Öl

1 EL gesiebter Puderzucker

½ TL Salz

Für das Schokoladeneis

(1 Springform mit 18 cm Ø und 9 cm Höhe)

300 ml Sahne

100 g Zartbitterschokolade (60–70 %)

80 g Nutella

150 ml Milch

35 g Rohrohrzucker

2 Eigelbe

Für das Erdnusseis

100 g Erdnusscreme

250 ml Milch

250 ml Sahne

2 Eigelbe

80 g Rohrohrzucker

ein paar Esslöffel Karamellcreme (siehe Seite 66)

Erdnüsse

Erdnusscreme

Die Erdnüsse in einem leistungsstarken Mixer oder Blitzhacker zerkleinern. Öl, Zucker und Salz hinzufügen und so lange weitermixen, bis eine weiche Erdnusscreme entsteht. Wichtig dabei ist, zwischen dem Mixen Pausen zu machen, damit der Motor und die Nüsse nicht zu heiß werden. Die Creme in ein sauberes Marmeladenglas füllen und in den Kühlschrank stellen.

Schokoladeneis

Für das Schokoladen- und Erdnusseis ist eine Eismaschine sehr zu empfehlen, da das Eis sonst nicht cremig wird. Die Springform mit Backpapier auskleiden und in den Gefrierschrank stellen. 150 ml Sahne in eine größere Schüssel füllen. Die Schokolade hacken und mit der restlichen Sahne bei niedrigster Temperatur in einem beschichteten Topf schmelzen. Nutella hinzufügen und glatt rühren, bis eine glänzende Masse entsteht. Diese zur Sahne in die Schüssel gießen und umrühren. Die Milch mit der Hälfte des Zuckers in einem beschichteten Topf erhitzen (nicht kochen!) und dann vom Herd nehmen. Die Eigelbe mit dem restlichen Zucker in eine Schüssel geben und über Wasserdampf schaumig schlagen. Nach und nach unter Rühren die Milch zur Ei-Mischung geben. Die gesamte Masse zurück in den Topf füllen und bei mittlerer Temperatur unter ständigem Rühren erhitzen, bis die Masse leicht andickt. Sie sollte nicht kochen und nicht mehr als 80–85 °C erreichen, sonst gerinnt das Ei. Sobald die Masse etwas andickt, vom Herd nehmen, zur Schokoladensahne gießen und verrühren. Vollständig abkühlen lassen und am besten über Nacht in den Kühlschrank stellen. Am nächsten Tag die Eismasse in einer Eismaschine zu Eis gefrieren lassen. Das Eis sollte jedoch noch streichfähig sein. Wenn das Schokoladeneis fertig ist, in die vorgekühlte Springform geben, glatt streichen und tiefkühlen.

Erdnusseis
Die Erdnusscreme mit ein wenig Milch in einem Topf leicht erwärmen und glatt rühren. Bis zur weiteren Verwendung in eine größere Schüssel füllen. Die restliche Milch mit der Sahne und der Hälfte des Zuckers in einem beschichteten Topf erhitzen (nicht kochen!) und dann vom Herd nehmen. Die Eigelbe mit dem restlichen Zucker in eine Schüssel geben und über Wasserdampf schaumig schlagen. Nach und nach unter Rühren die Milch zur Ei-Mischung geben. Die gesamte Masse zurück in den Topf füllen und bei mittlerer Temperatur unter ständigem Rühren erhitzen, bis die Masse leicht andickt. Die Masse sollte nicht kochen und nicht mehr als 80–85 °C erreichen, sonst gerinnt das Ei. Sobald die Masse etwas andickt, vom Herd nehmen und zur Erdnusscreme gießen. Umrühren und am besten über Nacht im Kühlschrank vollständig durchkühlen. Am nächsten Tag die Eismasse durch ein Sieb gießen und in der Eismaschine zu cremigem Eis gefrieren lassen. Wenn das Erdnusseis fertig ist, auf das Schokoladeneis geben und glatt streichen. Die Torte am besten über Nacht in den Gefrierschrank stellen.

Torte dekorieren
Die Torte aus dem Gefrierschrank nehmen, mit Karamellcreme bestreichen und mit Erdnüssen dekorieren.

Tipp
Wer möchte, kann natürlich auch auf gekaufte Erdnussbutter zurückgreifen.

BROMBEER-CURD-CHEESECAKE
auf Knusperkeksboden

Die tolle Farbe des Brombeer-Curds begeistert mich immer wieder aufs Neue und der Geschmack dieser Torte ist einfach unbeschreiblich. Erfrischend, cremig, fruchtig und knusprig. Hier verlangt jeder nach einem zweiten Stück!

Zutaten

Für den Brombeer-Curd

150 g frische Brombeeren
1–2 EL Wasser
Saft einer halben Zitrone
1 Ei
¾ TL Speisestärke
60 g Rohrohrzucker
30 g Butter, in Würfeln

Für den Keksboden

(1 Tarte- oder Springform mit 20 cm Ø)
150 g Vollkornkekse
3 EL gemahlene Mandeln
1 Prise Zimt
90 g zerlassene Butter

Für die Frischkäsemasse

250 g Frischkäse
70 g Puderzucker
½ TL Vanillezucker
1 Prise Vanillepulver
200 g griechischer Joghurt
1 Ei
frische Brombeeren

Brombeer Curd

Die Brombeeren mit dem Wasser in einem Topf erhitzen und ein wenig köcheln lassen. Pürieren und durch ein Sieb streichen. Die Brombeermasse mit allen weiteren Zutaten bis auf die Butter in einen beschichteten Topf geben und mit dem Schneebesen etwas verquirlen. Unter ständigem Rühren auf niedriger Stufe erhitzen, bis die Masse leicht andickt. Sofort vom Herd nehmen und die Butter unterrühren. Anschließend in ein sauberes Marmeladenglas füllen und kühl stellen.

Keksboden

Den Backofen auf 170 °C Heißluft vorheizen. Die Tarteform mit Butter einfetten. Die Vollkornkekse mit einem Blitzhacker zu Kekskrümeln verarbeiten. Mit den Mandeln und einer Prise Zimt vermischen. Die zerlassene Butter hinzufügen und mit den Händen gut verkneten. Die Kekskrümel in die Tarteform geben und mit den Fingern leicht andrücken. 8 Minuten vorbacken. Aus dem Ofen nehmen und etwas abkühlen lassen.

Frischkäsemasse

Frischkäse, Puderzucker, Vanillezucker, Vanillepulver und griechischen Joghurt mit einem Löffel glatt rühren. Das Ei hinzugeben und verrühren. Die Cheesecake-Masse auf dem Keksboden verteilen und glatt streichen. Für ca. 35 Minuten backen, bis die Oberfläche leicht bräunlich wird. Aus dem Ofen nehmen und vollständig abkühlen lassen.

Torte dekorieren

Den ausgekühlten Cheesecake aus der Form nehmen und mit dem Brombeer-Curd bestreichen. Mit Brombeeren dekorieren und mehrere Stunden oder über Nacht kühl stellen.

mmhh

ZUCCHINI-FEIGEN-TORTE

mit Vollmilch-Ganache

Wenn man mal zu viele Zucchini im Garten hat, kann man sie ganz einfach im Kuchen verstecken, ohne dass es jemand bemerkt. Und die Feigen in Kombination mit der Schokolade peppen diese Torte erst richtig auf!

Zutaten

Für die Tortenböden

(2 Tortenformen zu je 15 cm Ø)

3 Eier

250 g Rohrohrzucker

270 g feines Dinkelmehl

1 TL Backpulver

¼ TL Natron

1 TL Zimt

50 g gemahlene Walnusskerne

400 g fein geriebene Zucchini

125 ml neutrales Öl

Für die Ganache

150 g Vollmilchschokolade (40–50 %)

75 ml Sahne

Für die Schokoladenglasur

70 g Schokolade

ca. 35 g Butter

Feigenmarmelade

Schokoladensplitter

frische Feigen

Tortenböden

Den Backofen auf 180 °C vorheizen. Die Eier mit dem Zucker dickschaumig aufschlagen. Währenddessen Mehl, Backpulver, Natron und Zimt in eine Schüssel sieben und mit den Walnüssen mischen. Die Zucchini fein reiben und die entstandene Flüssigkeit wegschütten. Das Öl zur Ei-Zucker-Masse gießen und weitermixen, bis alles gut vermengt ist. Abwechselnd die Mehlmischung und die geriebenen Zucchini unterheben. Den Teig gleichmäßig auf zwei eingefettete Tortenformen aufteilen und 50–55 Minuten backen. Mit einem Stäbchen prüfen, ob der Teig durchgebacken ist. Die Tortenformen aus dem Ofen nehmen und 5–10 Minuten stehen lassen. Danach vorsichtig aus den Formen lösen und auf einem Gitter vollständig abkühlen lassen.

Ganache

Die Schokolade hacken und in eine Schüssel geben. Die Sahne in einem Topf leicht erhitzen – sie soll nicht kochen – und über die Schokolade gießen. Ca. 1 Minute stehen lassen und dann glatt rühren. So lange stehen lassen, bis die Ganache streichfähig ist. Eventuell kurz in den Kühlschrank stellen.

Schokoladenglasur

Die Schokolade in kleine Stücke brechen und mit der Butter bei niedrigster Temperatur im Wasserbad schmelzen.

Torte zusammensetzen
Die Tortenböden einmal waagrecht halbieren. Den untersten Tortenboden mit Feigenmarmelade bestreichen. Ein wenig von der Ganache daraufgeben und verstreichen. Zweiten Tortenboden darauflegen und den Vorgang 2-mal wiederholen. Den letzten Tortenboden mit der Unterseite nach oben darauflegen. Die Schokoladenglasur über die Torte gießen und an den Rändern herunterlaufen lassen. Die Schokoladensplitter auf der Torte verteilen und mit halbierten Feigen turmförmig belegen.

BIENENSTICH-TORTE
mit Vanillecreme

Der Duft von dem frisch gebackenen Hefeteig und dem süßen Mandelbelag ist einfach herrlich. Die Torte genieße ich am liebsten gegen Ende des Sommers und freue mich dann schon auf die Herbstzeit.

Zutaten

Für die Tortenböden

(1 Tortenform mit 15 cm Ø und 10 cm Höhe)

½ Würfel Hefe

100 ml lauwarme Milch

45 g Rohrohrzucker

1 Prise Vanillepulver

¼ TL Vanillezucker

1 Prise Salz

300 g Mehl

1 Ei

60 g flüssige Butter

Für den Belag

50 g Butter

50 g Rohrohrzucker

70 g Mandelblättchen

2 EL Sahne

Für die Vanillecreme

1 Päckchen Vanillepuddingpulver

40 g Puderzucker

1 Prise Vanillepulver

250 ml Milch

90 g weiche Butter

Tortenböden
Die Hefe in die Rührschüssel bröseln. Lauwarme Milch hinzufügen und 10–15 Minuten stehen lassen. Die restlichen Zutaten hinzufügen und zu einem weichen Hefeteig verarbeiten. Ca. 1 Stunde zugedeckt an einem warmen Ort gehen lassen. Den Hefeteig einmal zusammenschlagen und in die eingefettete Tortenform geben.

Belag
Die Butter in einem Topf schmelzen. Die restlichen Zutaten hinzufügen und kurz köcheln lassen, bis die Mandeln glasig sind. Kurz abkühlen lassen und auf dem Hefeteig verteilen. Ca. 25 Minuten abgedeckt gehen lassen. Derweil den Backofen auf 170 °C vorheizen. Den Hefeteig 35–40 Minuten backen, bis der Belag goldbraun und der Teig durchgebacken ist. Die Form aus dem Ofen nehmen und auf einem Gitter 5–10 Minuten stehen lassen. Vorsichtig aus der Form lösen und abkühlen lassen.

Vanillecreme
Das Puddingpulver mit dem Zucker und Vanillepulver vermischen. Ein paar Esslöffel von der Milch hinzufügen und glatt rühren. Währenddessen die restliche Milch erhitzen. Die Vanillemischung hinzufügen und weiter erhitzen, bis die Masse eindickt. Sofort vom Herd nehmen und in eine Schüssel füllen. Abkühlen lassen, bis der Pudding nur noch lauwarm ist. Währenddessen immer wieder umrühren, damit sich keine Haut bildet. Die zimmerwarme Butter schaumig rühren. Den Pudding portionsweise hinzugeben und rühren, bis eine glatte Creme entsteht. Eventuell nachzuckern. 20–30 Minuten kühl stellen.

Torte zusammensetzen
Tortenboden 2-mal waagrecht durchschneiden, sodass insgesamt 3 Tortenböden entstehen. 3 Esslöffel von der Vanillecreme auf dem untersten Tortenboden verstreichen. Zweiten Tortenboden darauflegen und ebenfalls bestreichen. Den Tortenboden mit den Mandelblättchen darauflegen.

BROWNIE-TÖRTCHEN
mit weißer Schokoladencreme

Dieses entzückende Minitörtchen ist ein kleiner Traum für alle Schokoladenfans und somit eines meiner Lieblingstörtchen. Saftige Brownie-Böden, umhüllt von einer Creme aus weißer Schokolade ...

Zutaten

Für die Tortenböden
(2 Tortenformen mit je 10 cm Ø)
4 Eier
1 Prise Salz
130 g Zartbitterschokolade
130 g weiche Butter
150 g Rohrohrzucker
40 g feines Dinkelmehl
2 TL ungesüßtes Kakaopulver

Für die Creme
200 g weiße Schokolade
130 g weiche Butter

Tipp

Sollte die Creme im Kühlschrank zu fest werden, sodass sie nicht mehr streichfähig ist, einfach über dem Wasserbad kurz erwärmen und gegebenenfalls erneut aufschlagen.

Tortenböden
Den Backofen auf 180 °C vorheizen. Die Eier trennen und die Eiweiße mit einer Prise Salz zu Schnee schlagen. Die Schokolade über dem Wasserbad schmelzen und abkühlen lassen. Währenddessen die weiche Butter mit dem Zucker schaumig rühren. Die Eigelbe einzeln hinzufügen und so lange weitermixen, bis alles gut vermengt ist. Die Schokolade hinzufügen und weiterrühren. Das Mehl und das Kakaopulver zum Teig sieben und unterheben. Zum Schluss den Eischnee vorsichtig unterheben. Den Teig gleichmäßig auf zwei eingefettete Tortenformen aufteilen und ca. 30 Minuten backen. Dann die Ofentemperatur auf 170 °C reduzieren und weitere 15 Minuten backen. Die Formen aus dem Ofen nehmen und 5–10 Minuten stehen lassen. Dann die Böden vorsichtig aus den Formen lösen und auf einem Gitter vollständig abkühlen lassen.

Creme
Die weiße Schokolade über dem Wasserbad schmelzen und abkühlen lassen. Die weiche Butter schaumig rühren, Schokolade hinzufügen und weitermixen, bis eine weiche Creme entsteht. Die Creme ca. 1 Stunde in den Kühlschrank stellen.

Torte zusammensetzen
Etwas Creme auf einen Tortenboden streichen und den zweiten Tortenboden daraufsetzen. Das Törtchen mit Creme einstreichen und 15–20 Minuten in den Kühlschrank stellen, sodass die Creme etwas anziehen kann. Danach das Törtchen mit einer weiteren Schicht Creme vollständig bedecken und ebenfalls kurz in den Kühlschrank stellen. Restliche Creme in einen Spritzbeutel mit offener Sterntülle füllen und auf die untere Hälfte des Törtchens Rosetten spritzen. Mit 1 ungespritzten Rose dekorieren.

MOHN-HIMBEER-TORTE
mit Mascarponecreme und Kokoschips

Ich liebe Mohn! Diese saftige Torte kommt ganz ohne Mehl aus und schmeckt unglaublich lecker in Kombination mit der Mascarponecreme und den Himbeeren. Die feinen Kokoschips sind das Tüpfelchen auf dem „i“.

Zutaten

Für die Tortenböden
(2 Tortenformen mit je 15 cm Ø)
4 Eier
1 Prise Salz
120 g weiche Butter
140 g Rohrohrzucker
60 g gemahlene Mandeln
160 g gemahlener Mohn
½ TL Backpulver

Für die Creme
250 g Mascarpone
ca. 40 g Puderzucker
1 Prise Vanillepulver
100 ml Sahne

100 g frische Himbeeren
Bio-Kokoschips

Tortenböden
Den Backofen auf 160 °C vorheizen. Die Eier trennen und die Eiweiße mit dem Salz zu Schnee aufschlagen. Die Butter mit dem Zucker schaumig schlagen. Eigelbe einzeln unterrühren. Die Hälfte des Eischnees unterheben. Die Mandeln mit dem Mohn und dem Backpulver mischen und unter den Teig heben. Zum Schluss den restlichen Eischnee unterheben. Die Tortenformen einfetten und am Boden mit gemahlenen Mandeln ausstreuen. Den Teig gleichmäßig auf die Formen aufteilen und 40–45 Minuten backen. Mit einem Stäbchen prüfen, ob der Teig durchgebacken ist. Die Formen aus dem Ofen nehmen und ein paar Minuten stehen lassen. Dann die Böden vorsichtig aus den Formen lösen und auf einem Gitter ganz auskühlen lassen.

Creme
Mascarpone in eine Schüssel geben. Puderzucker und Vanillepulver darübersieben und mit einem Löffel glatt rühren. Die Sahne locker aufschlagen und vorsichtig unter die Mascarponecreme heben. Für 30 Minuten kühl stellen.

Torte zusammensetzen
Einen Tortenboden großzügig mit Mascarponecreme bestreichen. Ein paar Himbeeren auf der Creme verteilen. Mit dem zweiten Tortenboden mit der Unterseite nach oben bedecken. Etwas Creme darauf verteilen. Den Zwischenrand der Tortenböden mit Creme bedecken und danach die Kokoschips entlang der Creme verteilen und vorsichtig andrücken. Den Tortendeckel ebenfalls mit Kokoschips bedecken. Mit kleinen ungespritzten Rosen oder Himbeeren in der Mitte dekorieren.

BANANEN-SCHOKOLADEN-TORTE
mit Vanillecreme und Karamell

Schokoladig-nussige Tortenböden, gefüllt mit Vanillecreme und Bananen und übergossen mit Zartbitter-Ganache und Karamellcreme. Diese Torte ist und bleibt eine der Lieblingstorten meiner Familie!

Zutaten

Für die Tortenböden
(2 Tortenformen mit je 15 cm Ø)
100 g Zartbitterschokolade
6 Eier
1 Prise Salz
150 g Rohrohrzucker
100 g weiche Butter
70 g feines Dinkelmehl
½ TL Backpulver
80 g gemahlene Mandeln

Für die Vanillecreme
1 Päckchen Vanillepuddingpulver
40 g Puderzucker
1 Prise Vanillepulver
250 ml Milch
100 g weiche Butter

Für die Ganache
50 g Zartbitterschokolade
50 ml Sahne

Für die Karamelldekoration
3 EL Kristallzucker

2 Bananen

etwas Karamellcreme
(siehe Seite 66)

Tortenböden
Den Backofen auf 180 °C vorheizen. Die Schokolade über dem Wasserbad schmelzen und abkühlen lassen. Die Eier trennen und die Eiweiße mit dem Salz locker aufschlagen. 50 g Zucker einrieseln lassen und zu Schnee schlagen. Die Butter mit dem restlichen Zucker schaumig schlagen. Eigelbe einzeln unterrühren. Die Schokolade hinzufügen und kurz weitermixen. Die Hälfte des Eischnees unterheben. Das Mehl mit dem Backpulver in eine Schüssel sieben und mit den Mandeln vermischen. Die Mehlmischung vorsichtig unter den Teig heben. Zum Schluss den restlichen Eischnee unterheben. Den Teig gleichmäßig auf zwei eingefettete Tortenformen aufteilen und ca. 35 Minuten backen. Mit einem Stäbchen prüfen, ob der Teig durchgebacken ist. Die Formen aus dem Ofen nehmen und für 5–10 Minuten abkühlen lassen. Dann die Böden vorsichtig aus den Formen lösen und auf einem Gitter vollständig auskühlen lassen.

Vanillecreme
Das Puddingpulver mit dem Zucker und Vanillepulver vermischen. Ein paar Esslöffel von der Milch hinzufügen und glatt rühren. Währenddessen die restliche Milch erhitzen. Die Vanillemischung hinzufügen und weiter erhitzen, bis es eindickt. Sofort vom Herd nehmen und in eine Schüssel füllen. Abkühlen lassen, bis der Pudding nur noch leicht lauwarm ist. Währenddessen immer wieder umrühren, damit sich keine Haut bildet. Die weiche Butter schaumig rühren. Den abgekühlten Pudding portionsweise hinzugeben und weiterrühren, bis eine glatte Creme entsteht. Abschmecken und eventuell ein wenig nachzuckern. 20–30 Minuten kühl stellen.

Karamell

Ganache

Die Schokolade hacken und in eine Schüssel geben. Die Sahne in einem Topf leicht erhitzen – sie soll nicht kochen – und über die Schokolade gießen. Ca. 1 Minute stehen lassen und dann glatt rühren.

Karamelldekoration

Den Zucker in einem Topf langsam schmelzen. Währenddessen ein Backpapier auf die Arbeitsfläche legen. Die Backpapierrolle auf das Papier legen. Zwei Gabeln in eine Hand nehmen und in den flüssigen, karamellisierten Zucker tauchen. Über die Backpapierrolle halten und nach links und rechts bewegen, sodass sich dünne Fäden bilden.

Torte zusammensetzen

Die Tortenböden einmal waagrecht halbieren. Die Bananen in Scheiben schneiden. 2–3 Esslöffel von der Vanillecreme daraufstreichen und mit Bananenscheiben belegen. Zweiten Tortenboden daraufsetzen und den Vorgang 2-mal wiederholen. Mit dem letzten Tortenboden mit der Unterseite nach oben abschließen. Ein wenig Karamell am Rand verteilen und seitlich herunterlaufen lassen. Die Ganache auf die Torte geben und mit einer kleinen Palette glatt streichen. Dabei ein wenig über den Rand fließen lassen. Zum Schluss die Torte mit den Karamellfäden dekorieren.

Tipp

Die Torte sieht auch ohne Karamelldekoration sehr schön aus. Verwenden Sie beispielsweise ein paar gehackte Mandeln und streuen Sie diese auf die Mitte der Torte.

SCHOKOLADEN-TÖRTCHEN
mit einem Hauch Espresso

Der Ruffle-Look macht dieses Törtchen zu etwas ganz Besonderem und ist daher das ideale Geschenk für Schokoladenliebhaber zum Geburtstag!

Zutaten

Für die Tortenböden
(2 Tortenformen mit je 10 cm Ø)
50 g Zartbitterschokolade
3 Eier
1 Prise Salz
115 g Rohrohrzucker
110 g weiche Butter
3 EL Espresso
45 g feines Dinkelmehl
½ TL Backpulver
45 g gemahlene Mandeln

Für die Schokoladencreme
150 g Zartbitterschokolade
200 g weiche Butter
80–100 g Puderzucker
3 EL Espresso

Tortenböden
Den Backofen auf 180 °C vorheizen. Die Schokolade über dem Wasserbad schmelzen und abkühlen lassen. Die Eier trennen und die Eiweiße mit dem Salz locker aufschlagen. Die Butter mit dem Zucker schaumig schlagen. Eigelbe einzeln unterrühren. Die Schokolade und den Espresso hinzufügen und kurz weitermixen. Die Hälfte des Eischnees unterheben. Das Mehl mit dem Backpulver in eine Schüssel sieben und mit den Mandeln vermischen. Die Mehl-Mandel-Mischung vorsichtig unter den Teig heben. Zum Schluss den restlichen Eischnee unterheben. Den Teig gleichmäßig auf zwei eingefettete Tortenformen aufteilen und 40–45 Minuten backen. Mit einem Stäbchen prüfen, ob der Teig durchgebacken ist. Die Formen aus dem Ofen nehmen und 5–10 Minuten abkühlen lassen. Dann die Böden vorsichtig aus den Formen lösen und auf einem Gitter vollständig auskühlen lassen.

Schokoladencreme
Die Schokolade über dem Wasserbad schmelzen und abkühlen lassen. Die zimmerwarme Butter schaumig rühren. Puderzucker darübersieben und weitermixen. Die Schokolade hinzufügen und so lange rühren, bis eine glatte Creme entsteht. Espresso nach und nach unterrühren. Kühl stellen, bis die Creme spritzfähig ist.

Torte zusammensetzen
Ein wenig von der Schokoladencreme auf einen Tortenboden streichen. Den zweiten Boden daraufsetzen. Das Törtchen mit einer dünnen Schicht Creme einstreichen. Die restliche Creme in einen Spritzbeutel mit einer Blatttülle füllen. Die Tülle mit der breiteren Öffnung am unteren Tortenrand ansetzen und mit kleinen Bewegungen nach links und rechts nach oben gehen, um den Ruffle-Look zu erzeugen. Den Vorgang rund um die Torte wiederholen. Mit 1 ungespritzen Rose dekorieren.

Tipp

Wem der Ruffle-Look zu aufwendig ist, der kann das Törtchen auch nur mit einer Schicht Creme einstreichen. Dann benötigt man aber viel weniger Creme!

BROWNIE-TORTE
mit Karamellcreme

Diese Torte ist eine kleine Schokoladenbombe. Aber wer kann bei saftigen Brownie-Böden und selbst gemachter Karamellcreme schon widerstehen?

Zutaten

Für die Karamellcreme

150 g Kristallzucker
200 ml Sahne
25 g weiche Butter
1 Prise Salz

Für die Tortenböden

(2 Tortenformen mit je 15 cm Ø)
200 g Zartbitterschokolade
4 Eier
1 Prise Salz
180 g weiche Butter
180 g Rohrohrzucker
100 g feines Dinkelmehl
½ TL Backpulver
25 g gemahlene Walnusskerne

Für die Creme

180 g weiche Butter
150 g Puderzucker
380 g Frischkäse
ca. 12 TL Karamellcreme

Karamellcreme
Einen Teil des Zuckers in einen Topf geben und bei niedriger bis mittlerer Hitze schmelzen. Sobald der Zucker zu schmelzen beginnt, nach und nach den restlichen Zucker darüberstreuen. Nicht umrühren, bis der Zucker geschmolzen ist! Sobald der Zucker geschmolzen ist und eine hellbraune Farbe angenommen hat, den Topf vom Herd nehmen und die Sahne dazugießen – Vorsicht, es kann durch den Temperaturunterschied überquellen! Den Topf zurück auf den Herd stellen, Salz hinzufügen und umrühren bis sich alle Stücke aufgelöst haben. Die Butter hinzufügen und umrühren. Darauf achten, dass die Karamellcreme nicht zu dunkel wird, sonst schmeckt sie bitter. Wenn man einen Löffelrücken vollständig mit dem Karamell überziehen kann, ist die Creme fertig. In ein sauberes Marmeladenglas füllen und bis zur weiteren Verwendung kühl stellen.

Tortenböden
Den Backofen auf 180 °C vorheizen. Die Schokolade über dem Wasserbad schmelzen und abkühlen lassen. Die Eier trennen und die Eiweiße mit dem Salz zu Schnee schlagen. Die Butter mit dem Zucker schaumig schlagen. Eigelbe einzeln unterrühren. Die Schokolade hinzufügen und kurz weitermixen. Die Hälfte des Eischnees unterheben. Das Mehl mit dem Backpulver in eine Schüssel sieben und mit den Walnüssen mischen. Vorsichtig unter den Teig heben. Zum Schluss den restlichen Eischnee unterheben. Den Teig gleichmäßig auf zwei eingefettete Tortenformen aufteilen und ca. 40 Minuten backen. Die Formen aus dem Backofen nehmen und 5 Minuten abkühlen lassen. Dann die Böden vorsichtig aus den Formen lösen und auf einem Gitter vollständig abkühlen lassen.

Karamell

Creme
Die Butter schaumig rühren. Den Puderzucker darübersieben und weitermixen. Den Frischkäse hinzufügen und weitermixen, bis die Masse schön cremig ist. Karamell portionsweise mit einem Löffel darunterrühren. Die Creme 20–30 Minuten kühl stellen.

Torte zusammensetzen
Die Tortenböden einmal waagrecht halbieren. Ein wenig vom Karamell auf den untersten Tortenboden träufeln und mit 2–3 Esslöffeln Karamellcreme bestreichen. Zweiten Tortenboden daraufsetzen und den Vorgang 2-mal wiederholen. Den letzten Tortenboden mit der Unterseite nach oben darauflegen. Die Torte mit einer dünnen Schicht Creme einstreichen. 20 Minuten in den Kühlschrank stellen. Danach eine weitere Schicht auftragen und mit einer Streichpalette glätten. Weitere 20 Minuten kühlstellen. Gegebenenfalls noch eine Schicht auftragen. Die restliche Creme in einen Spritzbeutel mit einer Lochtülle füllen und kleine Tupfen auf die Torte setzen. Um einen Marmorierungseffekt zu erzielen, ein wenig Karamell seitlich an der Torte verteilen. Mit einer Streichpalette entlangfahren und den Tortenteller dabei drehen, um die Creme zu verteilen.

Tipp
Die Karamellcreme kann schon am Vortag zubereitet werden.

SCHOKOLADEN-TORTE
mit Kokos-Ganache

Schokoladenböden, gefüllt mit Kokos-Schokoladen-Ganache und eingehüllt in einen flauschigen Kokosmantel ...

Zutaten

Für die Tortenböden
(2 Tortenformen mit je 15 cm Ø)
130 g Zartbitterschokolade
6 Eier
1 Prise Salz
165 g Rohrohrzucker
125 g weiche Butter
120 g feines Dinkelmehl
½ TL Backpulver
Für die Ganache
260 g Kokoskuvertüre
150 ml Sahne

ca. 150 g Kokosflocken

Tipp
Die Kokoskuvertüre kann durch weiße Schokolade ersetzt werden.

Tortenböden
Den Backofen auf 180 °C vorheizen. Die Schokolade über dem Wasserbad schmelzen und abkühlen lassen. Die Eier trennen und die Eiweiße mit dem Salz locker aufschlagen. 50 g Zucker einrieseln lassen und zu Schnee schlagen. Die Butter mit dem restlichen Zucker schaumig schlagen. Eigelbe einzeln unterrühren. Die Schokolade hinzufügen und kurz weitermixen. Die Hälfte des Eischnees unterheben. Das Mehl mit dem Backpulver in eine Schüssel sieben und vorsichtig unter den Teig heben. Zum Schluss den restlichen Eischnee unterheben. Den Teig gleichmäßig auf zwei eingefettete Tortenformen aufteilen und ca. 40 Minuten backen. Mit einem Stäbchen prüfen, ob der Teig durchgebacken ist. Die Formen aus dem Ofen nehmen und 5–10 Minuten abkühlen lassen. Dann die Böden vorsichtig aus den Formen lösen und auf einem Gitter vollständig auskühlen lassen.

Ganache
Die Kuvertüre hacken und in eine Schüssel geben. Die Sahne in einem Topf leicht erhitzen – sie soll nicht kochen – und über die Kuvertüre gießen. Ca. 1 Minute stehen lassen und dann glatt rühren. Kühl stellen, bis die Ganache streichfähig ist.

Torte zusammensetzen
Die Tortenböden einmal waagrecht halbieren. Ein wenig von der Ganache auf den untersten Tortenboden streichen, mit Kokosflocken bestreuen und den zweiten Tortenboden darauflegen. Den Vorgang 2-mal wiederholen und mit dem letzten Tortenboden mit der Unterseite nach oben abschließen. Die Torte mit einer dünnen Schicht Ganache einkleiden und 20 Minuten in den Kühlschrank stellen. Danach eine weitere Schicht Ganache auftragen und glatt streichen. Die Torte mit den Händen vollständig mit Kokosflocken bedecken. Danach 30 Minuten kühl stellen.

LIEBLINGS-NUGAT-TORTE

mit Mandelnugat-Ganache

Hier steckt alles drin, was man an einer Schokoladentorte liebt: Saftige Schoko-Nuss-Böden, gefüllt mit Nugatcreme, umhüllt von Zartbitterganache und übergossen mit Mandelnugat-Ganache!

Zutaten

Für die Tortenböden
(2 Tortenformen mit je 15 cm Ø)
100 g Zartbitterschokolade
6 Eier
1 Prise Salz
225 g weiche Butter
225 g Rohrohrzucker
90 g feines Dinkelmehl
¾ TL Backpulver
90 g gemahlene Mandeln

Für die Nugatcreme
150 g Nuss-Nugat
100 g Mascarpone
50 ml Sahne

Für die Zartbitter-Ganache
100 g Zartbitterschokolade
100 ml Sahne

Für die Mandelnugat-Ganache
100 g Mandelnugat-Kuvertüre
50 ml Sahne

Tortenböden
Den Backofen auf 180 °C vorheizen. Die Schokolade über dem Wasserbad schmelzen und abkühlen lassen. Die Eier trennen und die Eiweiße mit dem Salz locker aufschlagen. Die Butter mit dem Zucker schaumig schlagen. Eigelbe einzeln unterrühren. Die Schokolade hinzufügen und kurz weitermixen. Die Hälfte des Eischnees unterheben. Das Mehl mit dem Backpulver in eine Schüssel sieben und mit den Mandeln vermischen. Die Mehl-Mandel-Mischung vorsichtig unter den Teig heben. Zum Schluss den restlichen Eischnee unterheben. Den Teig gleichmäßig auf zwei eingefettete Tortenformen aufteilen und 40–45 Minuten backen. Mit einem Stäbchen prüfen, ob der Teig durchgebacken ist. Die Formen aus dem Ofen nehmen und 5–10 Minuten abkühlen lassen. Dann die Böden vorsichtig aus den Formen lösen und auf einem Gitter vollständig auskühlen lassen.

Nugatcreme
Die Nuss-Nugat-Masse über dem Wasserbad schmelzen und abkühlen lassen. Mascarpone hinzufügen und glatt rühren. Die Sahne locker aufschlagen und vorsichtig unter die Nugatmasse heben. 30 Minuten kühl stellen, sollte die Creme zu weich sein. Ansonsten kann sie gleich verwendet werden.

Zartbitter-Ganache
Die Schokolade hacken und in eine Schüssel geben. Die Sahne in einem Topf leicht erhitzen – sie soll nicht kochen – und über die Schokolade gießen. Ca. 1 Minute stehen lassen und dann glatt rühren. Abkühlen lassen und so lange stehen lassen, bis sie nicht mehr ganz so flüssig ist.

Mandelnugat-Ganache

Die Schokolade hacken und in eine Schüssel geben. Die Sahne in einem Topf leicht erhitzen und über die Schokolade gießen. Ca. 1 Minute stehen lassen und dann glatt rühren. In den Kühlschrank stellen, bis sie etwas dicker wird und streichfähig ist.

Torte zusammensetzen

Die Tortenböden einmal waagrecht halbieren. 2–3 Esslöffel von der Nugatcreme auf den untersten Tortenboden streichen und mit dem zweiten Tortenboden bedecken. Den Vorgang 2-mal wiederholen. Mit dem letzten Tortenboden mit der Unterseite nach oben abschließen. Die Torte mit der Zartbitter-Ganache einstreichen. Mit einer Palette die Creme glätten. Dabei die Palette seitlich an der Torte anlegen und den Tortenteller dabei langsam drehen. Die Torte kurz stehen lassen, sodass die Zartbitter-Ganache ein wenig trocknen kann, damit sie nicht wieder schmilzt. Dann die Mandelnugat-Ganache auf die Torte geben und ein wenig am Rand herunterlaufen lassen.

Tipp

Wenn Sie gerade keine Nugatkuvertüre zur Hand haben, können Sie auch eine andere Kuvertüre verwenden oder die Torte mit gehackten Haselnüssen dekorieren.

HIMBEER-TÖRTCHEN
mit weißer Schokoladencreme

Manche Himbeersträucher tragen Früchte bis in den Herbst hinein, bevor sie sich in den Winterschlaf begeben. Also noch schnell ein Himbeertörtchen backen, bevor die Zeit vorbei ist!

Zutaten

Für die Tortenböden
(2 Tortenformen mit je 10 cm Ø)
2 Eier
1 Prise Salz
60 g Rohrohrzucker
¼ TL Vanillezucker
1 Prise Vanillepulver
50 g feines Dinkelmehl
10 g Speisestärke
1–2 EL Mohn

Für die Creme innen
100 g weiße Schokolade
50 ml Sahne
2 EL Mascarpone

Für die Creme außen
50 ml Sahne

ca. 125 g frische Himbeeren

Tortenböden
Den Backofen auf 180 °C vorheizen. Die Eier trennen und die Eiweiße mit einer Prise Salz locker aufschlagen. Dann die Hälfte des Zuckers einrieseln lassen und zu Schnee schlagen. Eigelbe mit der anderen Hälfte Zucker, Vanillezucker und Vanillepulver dickschaumig aufschlagen. Das Mehl und die Speisestärke in eine Schüssel sieben und 1–2 Esslöffel Mohn hinzufügen. Abwechselnd den Eischnee und die Mehlmischung unter die Ei-Zucker-Masse heben. Den Teig auf zwei eingefettete Tortenformen aufteilen und ca. 25 Minuten backen. Mit einem Stäbchen prüfen, ob der Teig durchgebacken ist. Die Formen aus dem Ofen nehmen, ein paar Minuten warten und dann die Böden vorsichtig aus den Formen lösen. Auf einem Gitter vollständig abkühlen lassen.

Cremes
Für die innere Creme die Schokolade hacken und in eine Schüssel geben. Die Sahne in einem Topf leicht erhitzen – sie soll nicht kochen – und über die Schokolade gießen. Ca. 1 Minute stehen lassen und dann glatt rühren. Kühl stellen bis die Ganache streichfähig ist. Danach die Ganache kurz mit einem Mixer aufschlagen und 2 Esslöffel Mascarpone unterrühren. Eventuell kurz kühl stellen. Für die äußere Creme die Sahne locker aufschlagen.

Torte zusammensetzen
Die Tortenböden einmal waagrecht durchschneiden. Einen Boden mit der weißen Schokoladencreme bestreichen. Ein paar Himbeeren halbieren und auf der Creme verteilen. Zweiten Tortenboden daraufsetzen und den Vorgang 2-mal wiederholen. Den letzten Tortenboden mit der Unterseite nach oben darauflegen. Das Törtchen mit der geschlagenen Sahne einstreichen. Mit einer Streichpalette an der Torte entlangfahren, sodass ein wenig von den Tortenböden sichtbar wird. Mit Himbeeren dekorieren und mit Puderzucker bestäuben.

SCHOKOLADEN-MANDEL-TORTE
mit Maronicreme

Die fluffige Maronicreme in Kombination mit Schokolade und Mandeln macht diese Torte für mich zum perfekten Herbstgenuss!

Zutaten

Für die Tortenböden
(2 Tortenformen mit je 15 cm Ø)
100 g Zartbitterschokolade
6 Eier
1 Prise Salz
150 g Rohrohrzucker
100 g weiche Butter
70 g feines Dinkelmehl
½ TL Backpulver
80 g gemahlene Mandeln

Für die Creme
250 g Mascarpone
300 g Maronicreme
100 ml Sahne

Für die Ganache
100 g Zartbitterschokolade
100 ml Sahne

Tortenböden
Den Backofen auf 180 °C vorheizen. Die Schokolade über dem Wasserbad schmelzen und abkühlen lassen. Die Eier trennen und die Eiweiße mit dem Salz locker aufschlagen. 50 g Zucker einrieseln lassen und zu Schnee schlagen. Die Butter mit dem restlichen Zucker schaumig schlagen. Eigelbe einzeln unterrühren. Die Schokolade hinzufügen und kurz weitermixen. Die Hälfte des Eischnees unterheben. Das Mehl mit dem Backpulver in eine Schüssel sieben und mit den Mandeln vermischen. Die Mehlmischung vorsichtig unter den Teig heben. Zum Schluss den restlichen Eischnee unterheben. Den Teig gleichmäßig auf zwei eingefettete Tortenformen aufteilen und ca. 35 Minuten backen. Mit einem Stäbchen prüfen, ob der Teig durchgebacken ist. Die Formen aus dem Ofen nehmen und 5–10 Minuten abkühlen lassen. Dann die Böden vorsichtig aus den Formen lösen und auf einem Gitter vollständig auskühlen lassen.

Creme
Mascarpone und Maronicreme in eine Schüssel geben und mit einem Löffel glatt rühren. Für die Dekoration ein paar Esslöffel von dieser Creme in eine kleine Schüssel geben und kühl stellen. Die Sahne locker aufschlagen und unter die restliche Creme heben. Die Maroni-Mascarpone-Creme ebenfalls ca. 30 Minuten kühlstellen.

Ganache

Die Schokolade hacken und in eine Schüssel geben. Die Sahne in einem Topf leicht erhitzen – sie soll nicht kochen – und über die Schokolade gießen. Ca. 1 Minute stehen lassen und dann glatt rühren. Die Ganache stehen lassen, bis sie etwas dicker wird, sodass sie streichfähig ist.

Torte zusammensetzen

Die Tortenböden einmal waagrecht halbieren. 2–3 Esslöffel von der Maroni-Mascarpone-Creme auf den untersten Tortenboden geben und verstreichen. Den zweiten Boden daraufsetzen und den Vorgang 2-mal wiederholen. Den letzten Tortenboden mit der Unterseite nach oben darauflegen. Die Torte ca. 20 Minuten kühl stellen. Danach die Torte mit der Ganache dünn einstreichen. Die Ganache kurz anziehen lassen, dann noch eine Schicht Ganache auftragen und mit einer Palette glatt streichen. Die Maronicreme, die für die Dekoration aufgehoben wurde, aus dem Kühlschrank nehmen und in einen Spritzbeutel mit französischer Sterntülle geben. Die Tortenoberseite damit dekorieren. Zusätzlich passen die ersten bunten Herbstblätter wunderbar zu dieser Torte!

Tipp

Wer bei der Dekoration variieren möchte, kann auch Tupfen oder Rosen auf die Torte spritzen. Dazu einfach eine andere Tülle verwenden.

ZIMT-PANCAKES-TÖRTCHEN
mit Rotweinbirnen und Vanilleeis

Das Pancakes-Törtchen ist einmal eine ganz andere Tortenvariante und mit dem selbst gemachten Vanilleeis und den Rotweinbirnen sicher ein Dessert-Highlight!

Zutaten

Für das Vanilleeis

½ Vanilleschote
165 ml Milch
200 ml Sahne
2 Eigelbe
60 g Rohrohrzucker

Für die Rotweinbirnen

4 kleine Birnen (nicht zu weich)
400 ml Rotwein
6 EL Rohrohrzucker
½ TL Zimt oder Zimtstange
2 EL Bio-Gelier-Rohrzucker

Für die Pancakes

3 Eier
1 Prise Salz
250 ml Sauerrahm (Schmand)
2 EL Honig
150 g feines Dinkelmehl
¼ TL Backpulver

etwas Butter

Vanilleeis
Die Vanilleschote mit einem Messer der Länge nach aufschlitzen und das Vanillemark vorsichtig herauskratzen. Milch, Sahne, Vanillemark und Vanilleschote in einen beschichteten Topf geben und erhitzen, aber nicht kochen. Vom Herd nehmen und die Vanilleschote entfernen. Währenddessen die Eigelbe mit dem Zucker in einer Schüssel über dem Wasserbad schaumig schlagen. Nach und nach die Milch-Sahne-Mischung dazugießen und dabei umrühren. Die gesamte Mischung nun zurück in den Topf gießen und bei mittlerer Hitze unter ständigem Rühren erhitzen, bis die Masse leicht andickt. Die Masse sollte nicht kochen und nicht mehr als 80–85 °C erreichen, sonst gerinnt das Ei. Sobald die Masse leicht andickt, vom Herd nehmen und in eine Schüssel füllen. Etwas abkühlen lassen, danach mit Frischhaltefolie abdecken und am besten über Nacht im Kühlschrank durchziehen lassen. Am nächsten Tag die Masse in einer Eismaschine zu Eis gefrieren lassen und mindestens 2 Stunden tiefkühlen.

Rotweinbirnen
Die Birnen schälen und halbieren. Das Kerngehäuse vorsichtig entfernen. Dabei darauf achten, dass der Stiel noch dranbleibt. Den Wein mit Zucker und Zimt in einem großen Topf erhitzen. Die Birnenhälften hinzufügen und leicht köcheln lassen, bis die Birnen weich sind (ca. 10–15 Minuten oder länger, wenn die Birnen etwas fester sind). Die Birnen herausnehmen und leicht abkühlen lassen. 2 Birnenhälften beiseitelegen. Die restlichen Hälften in kleine Stücke schneiden. Ein wenig von der Rotwein-Zucker-Zimt-Mischung in einen Topf geben und mit Gelierzucker einkochen, bis ein dickflüssiger Sirup entsteht. Eventuell mehr Gelierzucker oder Rohrohzucker hinzufügen. Den Sirup leicht abkühlen lassen.

Pancakes

Die Eier trennen und die Eiweiße mit einer Prise Salz zu einem lockeren Eischnee schlagen. Eigelbe, Sauerrahm, Honig und eine Prise Salz in einer Schüssel verrühren. Das Mehl mit dem Backpulver darübersieben und unterrühren. Zum Schluss den Eischnee vorsichtig unterheben. Etwas Butter in einer Pfanne erhitzen, 2 große Esslöffel Teig in die Pfanne geben und verteilen. Die Pancakes sollten ca. 12 cm Durchmesser haben. Wenn die Unterseite leicht gebräunt ist, den Pancake wenden bis auch die zweite Seite leicht gebräunt ist. Aus der Pfanne nehmen und auf einen Teller legen. Den Vorgang wiederholen, bis der Teig aufgebraucht ist.

Torte zusammensetzen

Die Pancakes übereinanderlegen. Dazwischen jeweils ein wenig Sirup und Birnenstücke verteilen. Das Pancakes-Törtchen mit Vanilleeis und den 2 Birnenhälften dekorieren. Ein wenig Sirup darübergießen. Wenn möglich, lauwarm genießen.

Tipp

Die Eismasse sollte schon am Vortag zubereitet werden.

MEIN SCHWARZWÄLDER-Kirsch-Törtchen

Inspiriert von einem Klassiker, habe ich meine eigene Miniversion kreiert. Die Creme habe ich mit weißer Schokolade verfeinert und als Dekoration dienen gefrostete Kirschen.

Zutaten

Für die Kirschen

ca. 12 Kirschen

ca. 4–5 EL Kirschlikör mit Rum

Für die Tortenböden

(2 Tortenformen mit je 10 cm Ø)

65 g Zartbitterschokolade

3 Eier

1 Prise Salz

75 g Rohrohrzucker

65 g weiche Butter

60 g feines Dinkelmehl

¼ TL Backpulver

1 TL ungesüßtes Kakaopulver

Für die Creme innen

100 g weiße Schokolade

50 ml Sahne

2 EL Mascarpone

Für die Creme außen

100 g Mascarpone

1–2 EL Puderzucker

100 ml Sahne

Schokoladensplitter

gefrorene Kirschen

Kirschen

Die Kirschen entkernen und in den Kirschlikör einlegen. Mehrere Stunden ziehen lassen. Sollten die Kirschen tiefgekühlt sein, kurz in einem Topf mit einem Esslöffel Wasser erhitzen, aber nicht zu weich kochen.

Tortenböden

Den Backofen auf 180 °C vorheizen. Die Schokolade über dem Wasserbad schmelzen und abkühlen lassen. Die Eier trennen und die Eiweiße mit dem Salz locker aufschlagen. 25 g Zucker einrieseln lassen und zu Schnee schlagen. Die Butter mit dem restlichen Zucker schaumig schlagen. Eigelbe einzeln unterrühren. Die Schokolade hinzufügen und kurz weitermixen. Die Hälfte des Eischnees unterheben. Das Mehl mit dem Backpulver und dem Kakao in eine Schüssel sieben und vorsichtig unter den Teig heben. Zum Schluss den restlichen Eischnee unterheben. Den Teig gleichmäßig auf zwei eingefettete Tortenformen aufteilen und ca. 35 Minuten backen. Mit einem Stäbchen prüfen, ob der Teig durchgebacken ist. Die Formen aus dem Ofen nehmen und 5–10 Minuten abkühlen lassen. Dann vorsichtig die Böden aus den Formen lösen und auf einem Gitter vollständig auskühlen lassen.

Creme innen

Die Schokolade hacken und in eine Schüssel geben. Die Sahne in einem Topf leicht erhitzen – sie soll nicht kochen – und über die Schokolade gießen. Ca. 1 Minute stehen lassen und dann glattrühren. Kühl stellen, bis die Ganache streichfähig ist. Danach die Ganache kurz mit einem Mixer aufschlagen und 2 Esslöffel Mascarpone unterrühren.

Creme außen

Mascarpone und Puderzucker verrühren. Sahne steif schlagen und unter den Mascarpone heben. Mindestens 30 Minuten kühl stellen.

Torte zusammensetzen

Die Tortenböden einmal waagrecht halbieren. Ein wenig von der Ganache auf den untersten Tortenboden streichen und mit ein paar Kirschen belegen. Den zweiten Tortenboden darauflegen und den Vorgang 2-mal wiederholen. Den letzten Tortenboden mit der Unterseite nach oben darauflegen. Das Törtchen 20 Minuten kühl stellen. Danach mit einer dünnen Schicht Mascarponecreme einstreichen und weitere 20 Minuten kühl stellen. Mit einer weiteren Schicht einkleiden. Mit der Rückseite eines Teelöffels von unten nach oben fahren, um ein Muster in das Törtchen zu zeichnen. Den unteren Teil des Törtchens mit Schokoladensplittern bedecken. Mit gefrorenen Kirschen dekorieren.

Tipp

Da das Törtchen sehr hoch ist, können die einzelnen Schichten leicht verrutschen. Stecken Sie einfach während des Einstreichens einen Holzspieß in die Mitte des Törtchens!

MARONI-SCHOKO-TÖRTCHEN

mit Goldpuder

Für alle Fans dieser herbstlichen Früchte gibt es Maronicreme im Teig, Maroni getunkt in Schokolade und Maroni mit Karamell überzogen. Das Ganze in Kombination mit der besten Mandelnugat-Ganache und ein wenig Glitzer.

Zutaten

Für die Tortenböden
(2 Tortenformen mit je 10 cm Ø)
50 g Zartbitterschokolade
3 Eier
1 Prise Salz
110 g weiche Butter
115 g Rohrohrzucker
75 g Maronicreme
45 g feines Dinkelmehl
½ TL Backpulver
45 g gemahlene Mandeln

Für die Zartbitter-Ganache
50 g Zartbitterschokolade
50 ml Sahne

Für die Mandelnugat-Ganache
100 g Mandelnugat-Kuvertüre
50 ml Sahne
ca. 6 TL Maronicreme

Für die Dekoration
50 g Schokolade (50–60 %)
ganze, gekochte Maroni
2 EL Kristallzucker
essbares Goldpuder

Tortenböden
Den Backofen auf 180 °C vorheizen. Die Schokolade über dem Wasserbad schmelzen und abkühlen lassen. Die Eier trennen und die Eiweiße mit dem Salz locker aufschlagen. Die Butter mit dem Zucker schaumig schlagen. Eigelbe einzeln unterrühren. Die Schokolade hinzufügen und kurz weitermixen. Maronicreme löffelweise hinzugeben und weiterrühren, bis alles gut vermengt ist. Die Hälfte des Eischnees unterheben. Das Mehl mit dem Backpulver in eine Schüssel sieben und mit den Mandeln vermischen. Die Mehl-Mandel-Mischung vorsichtig unter den Teig heben. Zum Schluss den restlichen Eischnee unterheben. Den Teig gleichmäßig auf zwei eingefettete Tortenformen aufteilen und 35–40 Minuten backen. Mit einem Stäbchen prüfen, ob der Teig durchgebacken ist. Die Formen aus dem Ofen nehmen und 5–10 Minuten abkühlen lassen. Dann die Böden vorsichtig aus den Formen lösen und auf einem Gitter vollständig auskühlen lassen.

Zartbitter-Ganache
Die Schokolade hacken und in eine Schüssel geben. Die Sahne in einem Topf leicht erhitzen – sie soll nicht kochen – und über die Schokolade gießen. Ca. 1 Minute stehen lassen und dann glatt rühren. Die Zartbitter-Ganache stehen lassen, bis sie etwas dicker wird, sodass sie streichfähig ist.

Mandelnugat-Ganache
Die Kuvertüre hacken und in eine Schüssel geben. Die Sahne in einem Topf leicht erhitzen und über die Kuvertüre gießen. Ca. 1 Minute stehen lassen und dann glatt rühren. In den Kühlschrank stellen, bis sie etwas dicker wird und streichfähig ist.

Dekoration
Die Schokolade über dem Wasserbad schmelzen und leicht abkühlen lassen. Ein paar ganze Maroni hineintunken und auf einem Backpapier trocknen lassen. Für die karamellisierten Maroni den Zucker in einem Topf zum Schmelzen bringen. Währenddessen 2–3 Maroni auf jeweils ein Holzstäbchen stecken. Die Maroni einzeln in die flüssige Karamellsauce tunken und vorsichtig nach oben ziehen, sodass sich ein dünner Faden bildet. Über einer Tischkante trocknen lassen.

Torte zusammensetzen
Die Tortenböden einmal waagrecht halbieren. Den untersten Tortenboden mit ca. 2 Teelöffel Maronicreme bestreichen. Zweiten Boden daraufsetzen und ebenfalls mit Maronicreme bestreichen. Einen weiteren Boden darauflegen und den Vorgang wiederholen. Den letzten Tortenboden mit der Unterseite nach oben aufsetzen. Die Zartbitter-Ganache auf die untere Hälfte des Törtchens streichen. Die Mandelnugat-Ganache auf dem Tortendeckel und der oberen Hälfte verteilen. Die beiden Ganache-Sorten etwas antrocknen lassen, dann 1–2 weitere Schichten auftragen. Mit einer Winkelpalette glatt streichen. Die in Schokolade getunkten Maroni auf das Törtchen setzen. Die karamellisierten Maroni vorsichtig von den Stäbchen lösen und auf die schokoladigen Maroni setzen. Mit Goldpuder bestäuben.

Tipp
Die Mandelnugat-Kuvertüre kann auch durch weiße Schokolade ersetzt werden.

WINTER-WONDERLAND-TORTE

mit Cranberrys

So fluffige Tortenböden habe ich noch nie gegessen. Probieren Sie unbedingt die Variante mit dem Buchweizenmehl aus – es verleiht der Torte eine leicht nussige Note.

Zutaten

Für die Cranberry-Marmelade

100 ml Wasser
90 g Rohrohrzucker
2 EL Bio-Gelier-Rohrzucker
150 g frische Cranberrys

Für die unteren Tortenböden
(2 Tortenformen mit je 15 cm Ø)

6 Eier
1 Prise Salz
140 g Rohrohrzucker
70 g Buchweizenmehl
50 g geriebene Schokolade

Für die oberen Tortenböden
(2 Tortenformen mit je 10 cm Ø)

2 Eier
1 Prise Salz
45 g Rohrohrzucker
15 g geriebene Schokolade
20 g Buchweizenmehl

Für die Creme

450 g Mascarpone
90 g Puderzucker
225 ml Sahne

Für die Dekoration

1 Eiweiß
Kristallzucker
ca. 100 g frische Cranberrys

Cranberry-Marmelade

Wasser, Zucker und Gelierzucker in einem Topf aufkochen. Cranberrys hinzufügen und ein paar Minuten köcheln lassen, bis die Cranberrys weich sind und aufplatzen. Mit einem Pürierstab pürieren und eventuell noch kurz weiterköcheln lassen. In ein sauberes Marmeladenglas füllen und abkühlen lassen.

Untere Tortenböden

Den Backofen auf 180 °C vorheizen. Die Eier trennen und die Eiweiße mit einer Prise Salz zu einem lockeren Eischnee schlagen. Eigelbe und Zucker schaumig schlagen. Die Hälfte des Eischnees hinzufügen und vorsichtig unterheben. Das Mehl in eine Schüssel sieben und mit der geriebenen Schokolade mischen. Die Mehlmischung vorsichtig unter die Ei-Mischung rühren und zum Schluss den Schnee unterheben. Den Teig gleichmäßig auf zwei eingefettete und bemehlte Tortenformen aufteilen und ca. 30 Minuten backen. Mit einem Stäbchen prüfen, ob der Teig durchgebacken ist. Die Formen aus dem Ofen nehmen und 5–10 Minuten abkühlen lassen. Dann die Böden vorsichtig aus den Formen lösen und auf einem Gitter vollständig auskühlen lassen.

Obere Tortenböden

Den Backofen auf 180 °C vorheizen. Den Teig wie oben beschrieben zubereiten. Diesen dann gleichmäßig auf zwei eingefettete und bemehlte Tortenformen aufteilen und ca. 25 Minuten backen. Mit einem Stäbchen prüfen, ob der Teig ganz durchgebacken ist. Die Formen aus dem Ofen nehmen und 5–10 Minuten abkühlen lassen. Dann die Böden vorsichtig aus den Formen lösen und auf einem Gitter vollständig auskühlen lassen.

Creme

Mascarpone in eine Schüssel geben. Puderzucker darübersieben und mit einem Löffel unterrühren. Die Sahne steif schlagen und vorsichtig unterheben. 20–30 Minuten kühl stellen.

Dekoration

Das Eiweiß in eine Schüssel geben und mit einer Gabel kräftig verrühren. Ein paar Esslöffel Kristallzucker in eine weitere Schüssel geben. Die Cranberrys im Eiweiß tunken und kurz auf einem Küchenpapier abtropfen lassen. Danach im Kristallzucker wälzen.

Torte zusammensetzen

Die Tortenböden für die untere Torte einmal waagrecht halbieren. Den untersten Tortenboden mit Cranberry-Marmelade bestreichen. 2–3 Esslöffel von der Mascarponecreme daraufgeben und ebenfalls verstreichen. Darauf achten, dass man nicht bis ganz zum Rand streicht. Den zweiten Tortenboden daraufsetzen und den Vorgang 2-mal wiederholen. Den letzten Tortenboden mit der Tortenseite nach unten darauflegen. Die Torte mit einer dünnen Schicht Creme bestreichen. Ca. 30 Minuten in den Kühlschrank stellen. Währenddessen einen Tortenboden für das kleine Törtchen mit Cranberry-Marmelade und ein wenig Mascarponecreme bestreichen. Den zweiten Tortenboden daraufsetzen. Das Törtchen mit Creme einkleiden. Die größere Torte mit einer weiteren Schicht Creme großzügig bestreichen. Das kleine Törtchen auf die Torte setzen. Die Creme eher grob verstreichen, sodass sie eine Struktur erhält. Die Torte mit den gezuckerten Cranberrys und, wenn man möchte, mit Tannenzweigen dekorieren.

Tipp

Wer möchte, kann auch nur eine einstöckige Torte machen. Dann einfach weniger Creme zubereiten.

Danksagung

Lieber Patrick, du hast mir geholfen, einen Traum von mir zu verwirklichen. Du hast mich während dieser Zeit so liebevoll unterstützt und es war eine große Freude für mich, mit dir gemeinsam meine Kreationen zu fotografieren. Danke für deine Geduld, dein Vertrauen und deine Liebe. Mit dir kann ich die süßen Seiten des Lebens genießen. Ich bin so dankbar, dich an meiner Seite zu haben!

Liebe Mama, lieber Papa, ihr habt mir gezeigt, was es heißt, die schönen Dinge im Leben zu sehen, zu genießen und dafür dankbar zu sein. Ihr habt immer an mich geglaubt und mich darin unterstützt, ich selbst zu sein. Ich danke euch von Herzen!

Lieber Matthias, liebe Lisa, danke für eure Unterstützung und dass ihr alle meine Torten probiert habt! Es ist einfach immer lustig mit euch.

Liebe Omas, lieber Opa, danke für die Werte und Talente, die ihr mir mitgegeben habt. Sie prägen mich und mein Leben. Danke Oma, für die schönsten Blumen aus deinem Garten!

Liebe Juliane, liebes EMF-Team, danke für die tolle und unkomplizierte Zusammenarbeit mit euch. Danke, dass ihr mir die Chance gegeben habt, dieses Buch zu machen und mir somit einen Wunsch zu erfüllen.

Ein großer Dank gilt auch den folgenden drei Firmen, die mich bei den Zutaten und Materialien großzügig unterstützt haben.

Bezugsquellen

Zotter Schokolade
Ich habe einen besonderen Bezug zur Zotter Schokolade, da ich im gleichen Ort aufgewachsen bin, wo die Schokolade hergestellt wird, und mich zudem auch die Qualität überzeugt. Die Zotter Schokoladen Manufaktur startete als kleines Familienunternehmen mit dem Ziel, hochwertige Schokolade auf Fairtrade-Basis zu produzieren. Mittlerweile ist die Schokolade weltweit bekannt und die Manufaktur ein Besuchermagnet in unserer Region. Zum Backen gibt es Kuvertüren mit 40–100 % Kakaoanteil, einige davon sind auch mit Reis- oder Sojamilch erhältlich. Weitere Sorten, die ich verwendet habe, sind Karamell, Kaffee, weiße Schokolade, Mandel- und Haselnussnugat. Ich bin immer wieder fasziniert von den neuen und kreativen Schokoladensorten, die sich Josef Zotter jedes Jahr einfallen lässt.
www.zotter.at

Hagen Grote
Hagen Grote ist ein Unternehmen, das vor allem auf hochwertige Produkte rund um die Themen Kochen und Backen spezialisiert ist. Man erhält sowohl Küchengeräte von Topmarken, wie KitchenAid und Kenwood, als auch das nötige Zubehör, wie Tortenmesser und Streichpaletten. Vor allem der Backbereich wurde vor Kurzem erweitert. Ist man auf der Suche nach speziellen Gewürzen oder Gewürzmischungen, wie Spekulatius, oder qualitativem Vanillezucker und -pulver, wird man hier ebenfalls fündig.
www.hagengrote.de

Ib Laursen
Bei Ib Laursen handelt es sich um eine dänische Firma, die ein großes und vielseitiges Sortiment an Geschirr, Wohnaccessoires, Kleinmöbeln und Dekoartikeln mit dem gewissen Etwas anbietet. Besonders die Mynte-Küchenserie gefällt mir sehr gut. Ich bin ganz begeistert von ihren Produkten und präsentiere meine Torten gerne auf einer Tortenplatte von Ib Laursen oder genieße ein Stück auf einem der farbigen Mynte-Kuchenteller.
www.iblaursen.dk/de/

Die Autorin

Schon als junges Mädchen begeisterte sich Judith Bedenik für Süßes, insbesondere für Schokolade, und überraschte ihre Familie mit dem einen oder anderen Kuchen. Diese Leidenschaft ist bis heute geblieben. Nach ihrem Studium und mehreren Aufenthalten in Frankreich beschäftigte sie sich noch intensiver mit der Entwicklung von eigenen Tortenrezepten und startete 2014 ihren Blog **Kuchenduft und Törtchenzauber**, um andere mit ihren süßen Kreationen und Bildern zu inspirieren.